U0596197

目录

富强篇

1. 富而可求（格局与富强）

原文：7.12 子曰："富而可求也，虽执鞭之士，吾亦为之。如不可求，从吾所好。"

译文：孔子说："财富如果可以求得的话，就是手拿鞭子的士卒的活儿我也干。如果求取不到，还是干我自己喜欢的吧。"

原文：11.19 子曰："回也其庶乎，屡空。赐不受命，而货殖焉，亿则屡中。"

译文：孔子说："颜回的学问、道德差不多到家了吧？可是常常穷得没办法。端木赐不安本分，去做生意，判断市场行情，竟然每每猜对了。"*

【解析】财富与国运

相传当年乾隆帝南巡，驻跸镇江金山寺，登高远望，只见万里长江，浩浩荡荡，千帆竞发，蔚为大观。他开口问金山寺方丈："长江上到底有多少条船？"方丈略微沉思，回禀道："两条，一条为名，一条为利。"名利财富，多少世人一生汲汲以求。初

* 本书引用《论语》原文前的编号以杨伯峻《论语译注》(中华书局2009年版)为准。

级阶段的财富积累肯定靠勤俭和积蓄；中级阶段的财富积累靠信誉和人脉，事业基本稳定，在业界有了口碑和信誉；高级阶段的财富积累则涉及国运和格局，财富的巨大积累必然需要宏观的视野、宽广的格局。位于山西祁县的乔家大院，总面积达 4175 平方米，这个拥有 6 个大院、20 个小院、313 间房屋的建筑群是乔家这个巨富之家的生动写照。晚清时期，已然家境殷实的乔家敏锐捕捉到了江南战乱、丝路和茶路中断的时代机遇，协同其他山西商人开通丝路和茶路。在西北边患严重的情况下，以乔家为代表的晋商又积极为朝廷协办军务，筹措马草钱粮，同时也获得了巨额的利润。

商人的致富，商帮的兴盛，商业的发展，必然与国家的命运紧密相关。覆巢之下，焉有完卵。山西商帮的兴衰是时代和国运起伏的缩影。一个国家如果衰弱，国运不兴，一个商人纵有天大本事，也无济于事。

【故事分享】不龟之方

春秋时期有个很聪明的商人，很会看时机。在冬天的时候，他从平原上的布户那里大量收购物美价廉的葛布，然后制成轻软夏衣，在骄阳当空的时节给人送去凉爽。在夏天的时候，他从深山峻岭里的猎人那里收购划算的兽皮，随即制成厚重冬装，在雪花纷飞的当口给人带来温暖。连续几年下来，他获得了不少利润，家里的日子过得很是惬意富足，同时他也因为财富开阔了眼界。

当时正值南方吴、越、楚三国争霸的年代，他来到中原小国宋国采购葛布。宋人善于经商，也很勤勉，布匹的质量令他满意。其中有一户人家，虽然人不多，在冬天却总能生产比其他商户更多的布匹。商人感到很是奇怪。这些布匹光漂洗就要耗费大量时间，他们家莫非有什么过人之处？商人决定登门拜访一探究竟。在一个寒风刺骨的阴天，商人带着几张熟牛皮和几只羊作为见面礼上门拜访。在与当家人一阵寒暄后，商人提议去漂洗场看看。现场的景象令商人诧异：这户人家几双手浸在冰冷的水里，快速漂洗布料，手上皮肤没有一丝龟裂，仿佛上天送了每个人一副无形的手套。当家人得意扬扬地说："不瞒您说，我们有一个家传的让手不龟裂的秘方。这个秘方呀，只有我们家独有。一涂上我们自家秘方制作药膏的手，哪怕在寒冬腊月干活也永远不生冻疮、不龟裂。不然，哪能给您那么快出货？"商人沉思了很久，说："这药膏很有意思，我想花钱买下来，你们开个价。"当家人说："这个事情我一个人做不了主，得回去和一家人商量。"当晚，这家人吃饭的时候围着桌子讨论这个事情。大多数人赞成，小部分人反对，反对的理由是：商人如果买去秘方，在漂布的时候也不怕冷了，对咱们家不就构成威胁了吗？当家人一锤定音："干脆，要他几百金，反正干一年也就几金，要个高价。"

第二天天明，这家主人把几百金的价格告诉了商人。"行，不过我要试过有效才付钱。"面对这家人开出的高价，商人平静如水，也提出了自己的条件。这家人如约告诉商人方子，果然很有防冻效果，商人也言出必行，按约定给了几百金。这家人虽然充满疑惑，但依然大喜过望，心想没想到遇见一个天降的财神爷！

商人失去理智了吗？当然不是，原来当时地处江南水乡的吴越两国激战正酣。浩渺无边的太湖烟波中，吴国雄壮的水师正在太湖夫椒山（今洞庭西山）旁紧锣密鼓地训练。吴国有大、中、小三种战舰，最大的战舰上有几层楼，宽可以达到一丈六尺*，长可以到十二丈，堪称当时的巨舰。商人了解这个情况后，心中勾勒了一幅巨大的蓝图：既然吴国和越国水战，那么强大的吴国水师得到这个方子无异于如虎添翼，我肯定可以获得丰厚回报。无巧不成书，吴国水师正想利用冬天越国战备松懈的时候发动一次突然袭击。当时万事俱备，只是冰冷的水让广大水军将士叫苦不迭，严重影响作战效率。商人在这个时候献上防冻药膏的秘方，无异于在人瞌睡时候送来了枕头。水军将士使用药膏后，防冻效果确实不错，吴王大喜过望！一时间，大小战舰横亘在太湖水面，猎猎战旗遮天蔽日。名将伍子胥剑锋一指，千船齐发，从水面杀向宿敌越国。越国哪里预料到吴国能在冬天发动水战，仓促间难以招架，只能割地赔款，被迫和吴国签订屈辱条约。吴王将从越国获得的一大块土地封赏给了这名有眼光的商人，且让他当了个不小的官。有谋略、有格局让这名商人获得了巨大的财富，远远超过了他给宋人的那几百金！

* 1 丈≈ 3.33 米；1 尺≈ 0.33 米。

2. 民足君足（足民与富强）

原文：12.9 哀公问于有若曰："年饥，用不足，如之何？"有若对曰："盍彻乎？"曰："二，吾犹不足，如之何其彻也？"对曰："百姓足，君孰与不足？百姓不足，君孰与足？"

译文：鲁哀公向孔子弟子有若求教："年成不好，国家用度不够，怎么办？"有若回答说："为什么不实行十分之一的税率？"鲁哀公回答说："十分之二的税率，我尚且不够用，怎么能按照十分之一呢？"有若说："如果百姓富足，您怎么会不够？如果百姓都不富足，您又怎么会够用？"

【解析】藏富于民　减税降负

有人说，对国家财富的盲目追求没有考虑下一代的健康，没有展示诗歌之美，没有顾及婚姻幸福。确实，GDP（国内生产总值）简单直白的数字没有顾及这些。但是财富盈余的国家可以设立更多的优质医疗机构，让我们身体更加健康；可以兴办更多的文化教育机构，让我们去领略诗歌之美；还可以有更多的空闲假期，让更多的劳动者与家人休闲团聚，从而使绝大多数家庭幸福感满满。经济财富不是一个国家幸福的唯一指标，但的确是非常重要的指标。

如果把国家财富比作一个蛋糕或者一只家禽，那么尽量把蛋糕做大或把家禽养大是多方共赢的一个选择。明代开国君主朱元璋认识到天下初定，百姓需要休养生息，就像是刚刚会飞的鸟不能拔毛、新栽的小树不能撼动一样。于是他鼓励开垦荒地，并下令：北方郡县荒芜田地，不限亩数，全部免三年租税。对于垦荒者，由政府供给耕牛、农具和种子；并规定所垦之地归垦荒者所有。经济具有很强的恢复再生能力，在政府的减税政策鼓励下，明代初期经济很快走出了因元末战乱而满目疮痍的局面，呈现了欣欣向荣的景象。在现阶段，我国政府也借鉴了古人这一藏富于民的思想，提出“政府过紧日子，人民过好日子”的口号。政府约束财政的举措，既是给广大小微企业减负纾困，也是给经济长远发展助力，做大社会总财富的蛋糕，可谓一举多得。这是《论语》朴素经济智慧在现代的再次运用。

【故事分享】汉文帝治国

汉代初年的君主承继的是秦末战争留下的满目疮痍的国家。尊贵的天子也不能按照礼仪制度备齐四匹颜色一样的马来拉车，大臣上朝只能乘坐牛车。老百姓更是家徒四壁，没有隔夜的余粮。在物资极度匮乏的局面中，不法之徒依靠囤积居奇来牟取暴利，导致物价飞涨，市面上一匹普通的马价值高达百金，连老百姓维系性命的粮食，一石价格也高达一万钱。

汉文帝目睹此情此景，心忧如焚，下决心勤俭节约，励精图治，做出一番强国富民的业绩。他在位期间，没有大兴土木营建宫殿园林。当国家经济开始好转时，文帝也曾想过建造一座比较高大壮丽的露台。他召来优秀的老工匠盘算了一下预算，工匠估价要上百斤黄金。文帝听后马上下令作罢，他说：一百斤黄金相当于十户条件不错的中等人家的产业收入，我已经有了先帝留下的宫殿了，还建造这华丽的露台干什么？文帝在位期间，所穿的服饰和出行的车驾也很朴素。他平时经常穿的是简单的粗丝绸衣服，即使是他特别宠爱的慎夫人，也不许她穿拖地的奢侈长裙裾，宫殿里所用的帷帐也只能是单色素帐，而不许绣华丽的纹饰。文帝以自己的朴素行为来给天下人做出节用富民的榜样。

文帝在位 23 年。他在辞世前，自知病重不起，留下遗诏述说了他恬淡通达的生死观："我听说，天下万物，既然有萌芽生长，那必然的归宿最终也就是死。死是世间的常理，是自然的万事万物的必然归宿，有什么值得过分悲哀呢？当今世上死了人还要大肆厚葬，甚至破尽家产，我认为是很不理智和不可取的。"文帝提出他的丧礼的三点要求：一、不要烦扰百姓，不要破坏百姓正常的生产生活秩序。全国官吏和百姓，在诏令到达后哭吊三日就除去丧服。不要禁止娶妻、嫁女、祭祀、饮酒、吃肉。二、丧事从简，灵前不要陈列车驾和兵器。三、他的陵墓霸陵周围山水要保留其原来的样子，不要有所改变，不修高大的坟；他的陵寝内部修饰一律使用瓦器，不准用金银铜锡等贵重金属。后继者汉景帝大体上也延续了他的节用富民政策。

经过汉文帝和景帝几十年的励精图治，从京城到地方的仓库里粮食堆得满满的，少府仓库还有许多布帛等货材。京城积聚的钱币千千万万，因为太多且不用，以致串钱的绳子都朽烂了。国家粮仓大囤小囤如兵阵相连，粮食实在装不下，只好露积在外；囤积的粮食太多吃不完，最后只好任其腐烂。田野牧场马匹成群，普通街巷中的百姓也能乘马匹出行。文景二帝统治期间坚持发展生产不扰民，坚持节约用度不暴敛，这一时期国家无大事，百姓安居乐业，国家财政实力也随之增强了，成就了古代有名的盛世，史称“文景之治”。

3. 庶而富民（人口与富强）

原文：13.9 子适卫，冉有仆。子曰："庶矣哉！"

冉有曰："既庶矣，又何加焉？"曰："富之。"

曰："既富矣，又何加焉？"曰："教之。"

译文：孔子到卫国去，冉有帮忙赶车。孔子说："卫国这里人口真多啊！"

冉有说："卫国已经有了这么多人了，下一步该如何做呢？"孔子回答道："使他们富裕起来。"冉有继续问道："如果已经让大家富起来了，下一步又该如何做呢？"孔子说："那就教育他们。"

【解析】人口维系民族兴衰

孔子游历卫国，一句"庶矣哉"的感叹恰恰体现了我们中华民族对于人口繁衍的一贯推崇。在二战中，作为东方主战场的中国付出了巨大的生命代价，死伤3500万余人，但凭借庞大的人口基数（4亿），中国的人口很快恢复到了战前水平。与此形成鲜明对比的是我们的邻居苏联，苏联在二战中损失人口与我国

相当，但就是因为人口基数小（1.6 亿）且损失人口多为青壮年，从而造成了男女比例失调的局面，一直到今天仍然难以扭转。在 2006 年的国情咨文中，俄罗斯总统普京要求政府详细制订一个为期 10 年的庞大的财政补贴计划，用于支持人口发展。但是俄罗斯人口数量一直徘徊不前，甚至呈现了负增长的趋势。人口的减少削弱并动摇了俄罗斯的大国地位。所以说，庞大的人口规模，尤其是比较高的生育水平的确是国家持续富强的前提。

那么人口多了以后怎么办？孔子说“富之”。巨量的人口富裕起来，便可形成巨大的生产能力，释放庞大的消费市场。经过 40 余年改革开放，中国凭借大量优质劳动力的优势，经济总量已经位居世界第二。我国的巨量劳动人口可以生产几乎所有门类的商品，我国成为名副其实的制造业大国，堪称“世界工厂”。漫步在中国商品集散地之一的义乌小商品市场，人们会被漫无边际的商品海洋淹没，如果这里再找不到合适的商品，那么其他地方也将很难找到。我国的人口总量虽然可观，但人均 GDP 只有美国的六分之一左右（按 2019 年统计数据）。如果我们人均 GDP 比肩美国，那么我国 14 亿人口的经济总量将是美国的好几倍，我国将成为名副其实的超级经济大国！

但如果我们只是沉醉于庞大的人口数量和 GDP 崇拜之中，我们是无法真正成为一个受人尊敬的大国的。古人云：“仓廪实而知礼节，衣食足而知荣辱。”孔子不空谈没有物质基础的精神文明，主张“先富后教”，在人口众多、物质充裕的条件下，再提高文教水平。而且从概率而言，人口越多的社会产生天才的数量就会越多，产生优质技术人才的数量也会越多。国家在富裕后重视各类教育因势利导，就可以将巨大的人口数量优势转化为巨大的人力资源优势。

现在，曾经的大量青壮劳力已然变成了街心公园里苍颜华发的退休职工。老龄化社会的提前到来给我们的国家造成了困扰。据统计，预计到2020年，老年人口将达到2.5亿，占总人口的比例达到17.8%，我国将成为超大型老年国家。这必然严重阻碍我们迈向大国复兴的步伐。可喜的是，政府已经推行“全面二孩”政策，这必将给我们这个人口众多的国家带来后续活力。

是故，孔子提出的“强国三步走”策略——先鼓励添人，再兴业致富，进而重视科教——在今天依然具有现实意义。这样一步步走下去，一个充满发展后劲、物质富足、文化繁荣的大国必将巍然屹立于世界的东方。

【故事分享】勾践奖励多生优育

春秋时期，定都姑苏（今江苏苏州）的吴国和定都会稽（今浙江绍兴）的越国是相邻的两个大国。两个国家为了争夺霸权经常爆发争端，连年征战。吴王夫差为报父王阖闾被越国打败之仇，励精图治，在名将伍子胥的辅佐下大败越王勾践。勾践送给吴王及其宠臣不少越国美女和奇珍异宝，而且甘愿为吴王当奴隶，表现得非常恭顺。吴王见勾践这样听话，就放他回了国。

勾践回国后下定决心要使越国富强起来。他率先垂范亲自耕种，而且叫他的夫人亲自织布，给全国人民做榜样，来鼓励大家发展生产。因为越国遭到濒临亡国的灾难，人口大大减少，他便制定了奖励生育的制度：一、为了繁衍更多优质人口，鼓励青年人互相结婚。青壮年男子不准娶老年妇人，老年男子不能娶年轻的妻子，违者施以处罚。二、不鼓励晚婚。正值妙龄的女孩子如果长到 17 岁还不出嫁，男子 20 岁如果还不娶妻生子，那么父母就要受到处罚。三、放开并奖励生育。家中有快要分娩的人要及时向上报告，公家立刻派大夫看护。如果生下男孩，公家奖励两壶酒、一条狗；如果生下女孩，公家奖励两壶酒、一头猪；如果生双胞胎，公家发给吃的；如果有人生三胞胎，公家给配备一名乳母照顾。四、体恤困难群体。政府规定老而无妻的人、寡妇、患病的人、贫苦无助之人，由公家出钱供养教育他们的子女。

至于国内那些有才干的聪明人，享受的待遇更是不得了。公家给他们整洁的房子、漂亮的衣服、精致的饮食以示优待。勾践如果遇见这些才子，一定要关切地问他们叫什么名字，还亲自用船载来稻谷和肉来款待他们。出台如此优厚政策吸引外来贤才的勾践，自己的生活却很简朴，不是自己亲自耕种所得的食物他就不吃，不是他的夫人亲自织的布制成的衣服他就不穿。这样连续十余年，在勾践鼓励生育、优待人才的政策支持下，越国的人口渐渐变多了，而且百姓也更好学更聪明了。老百姓吃的粮食和穿的衣服也变多变好了。军队不仅武器铠甲更充足了，而且被训练得更加强大了。全国上下都发誓齐心协力报效国家。最后，越国经过激战终于彻底打败了吴国，吴王夫差在众多优秀越人组成的越国军队的震天呐喊声中怆然又绝望地自杀了。

4. 民富有位（政权与富强）

原文： 20.1 尧曰："咨！尔舜！天之历数在尔躬，允执其中。四海困穷，天禄永终。"

译文： 尧（将天子之位禅让给舜的时候）说道："哎呀，你这个舜！上天的重大命运和责任已经落到你的身上了。谨慎保持合理正确吧。如果你让天下百姓陷入贫困之中，那么你尊贵的待遇也将永远结束了。"

原文： 8.21 子曰："禹，吾无间然矣。菲饮食而致孝乎鬼神，恶衣服而致美乎黻冕，卑宫室而尽力乎沟洫。禹，吾无间然矣。"

译文： 孔子说："大禹呀，我实在无法批评他。他自己的饮食很菲薄，却把国家祭祀用的祭品准备得很丰盛。他自己的衣着很寒酸，却把国家祭祀典礼用的礼服准备得很华美。他自己的房子很简陋，却全力把公共沟渠建造得很好。大禹呀，我实在无法批评啊！"

【解析】民富方可长治久安

一个国家的长治久安，需要坚实的经济基础。如果百姓连吃饱肚子、维持温饱都成为问题，那么这个国家的社会秩序将濒临失范。经济大倒退容易引发政治危机，严重冲击政权的合法性。一战后，德国马克疯狂贬值，巨额的马克纸币成为孩子的玩具和取火的燃料，经济衰退导致了魏玛政府迅速倒台。国民政府在崩溃前夕拼命发行金圆券，导致物价飞涨，公教人员上午领完工资就迅速去换成米面等实物，因为第二天物价又是另外一个样。经济上的崩溃加速了国民政府的垮台。苏联也曾长期处于物资短缺状态，民众无论到哪里都要排队，尤其是日常生活用品，更是稀缺。民众对经济增长的失望使得苏联政府失去了民心。所以经济发展关系到国家政权稳定。《论语》中孔子说："四海穷困，天禄永终。"一旦国家穷了，天子之位就会自动终止。邓小平同志说"发展才是硬道理"，"鼓励一部分人先富起来"。党的十八大以后中央提出的"精准扶贫"具有民富国安的重大现实意义。是故，"民富则国安，民富则邦固"。

【故事分享】刘晏理财，大唐中兴

曾经强盛无比的大唐王朝在经历"安史之乱"的沉重打击后变得贫弱不堪。连年战争打下来，全国登记在册的户籍人口锐减。许多州县被藩镇占据，导致朝廷的税款收不上来。"屋漏偏逢连夜雨"，北方戎狄趁机侵犯唐朝边境，用来防备的军费开支又是一大笔钱。眼看国库里的钱就要见了底，皇帝和各位大臣都急得不行。有人向皇帝推荐说："刘晏这个人很有些本事，让他理财准行。"皇帝说："我也听说过这个人，从小就是个神童，就让他试试吧。"于是，朝廷任命刘晏主管全国的财政工作。

刘晏上任后下决心要让国家富强，也让老百姓得利，这样才不辜负朝廷的重托和百姓的信任。他认为国家理财和商人做生意一样，首先要信息灵通。他先高价雇用一些行动敏捷的精明生意人，往返各个地方，搜集各地最新物价信息，并且以最快速度传递回来。这样即使是相距很远的地域的信息，刘晏也能很快获取到。刘晏在全国各地都设立了知院官，他们每隔十天半月都要把各州县的气候及庄稼丰歉的情况及时上报转运使司有关部门，这样刘晏就能第一时间掌握各地的经济基本信息。刘晏分析了各地各时段农业信息后发现，农业生产和粮食价格在丰年和灾年很不稳定。过去国家在丰收的时候对农民收税，但在灾荒之年也还收税，直到农民流离失所快饿死的时候才开始救灾。他认为再照这样的老办法收税可不行，国家富强的根本在于人口增加，人口增加需要农业生产稳定增长，而要农业稳定就必须稳定粮食价格。掌握了这个规律后，他开始实行改革：在丰收的年岁，政府用比较高的价钱收购农民的粮食，这样政府就有了很多的粮食储备，农民的腰包也鼓起来了；在歉收的年岁，政府用低廉的价格把粮食卖给农民，这样农民就不会饿肚子和流浪乞讨了。这下农村饿死的人大大减少了，大家种地的积极性有了很大提高。如此良性循环，粮食更多了，粮食价格也稳定了。

粮食产量上来了，怎么进行粮食运输又成了摆在刘晏面前的难题。当时粮食运输主要靠船，就是所谓的漕运。但是漕运的效率很低，外地粮食在船运途中耗费了大量人力物力，原本的一斛粮食到了首都长安（今西安）只能得到八斗。刘晏认为，长江、汴水、黄河、渭水等水系情况都不一样，不能用同一种船、同一批船工一运到底，大家应该因水制宜，造大小不同的船，然后专门训练熟悉不同地区河流水文的船工负责运输，大家各管一段。长江的船运到扬州，汴水的船运到河阴，黄河的船运到渭口，渭水的船再运到太仓，并且在沿岸建立了大大小小的转运仓库。为了更好地运输粮食，刘晏还开设几个优质造船场，为了保证船的质量，他下令国家给每艘船补贴钱千缗。有人就建议说："其实如果给造船工人少发些工资，每艘船的建造费用只需要钱五百缗，给造船工人这样高的工资太浪费了。"刘晏却说："不能这样算账，凡事要往长远处、往大处看，花在刀刃上的钱不要小气。现在国家刚刚建立船场，管事的、做事的人有那么多，不要让他们在自己的用度上太紧张，这样公家的大船才能保证质量。如果我们与百姓斤斤计较，那怎么能保证船的质量呢？只要船的质量好了，漕运效率高了，现在多付的钱在将来就可以大大补回来。"如此一来，往后每年漕运运转粮食百万斛，损失也大大减少了。

刘晏理财不仅精明且勤奋敬业，许多事都是当日决断而不过夜，他基本上没有闲下来的时间，即使在上朝和散朝途中骑马的

间隙，他也在筹划国家财政大计。在他刚任职时，全国户籍在册的只有两百余万户，而到他任职后期则增加到了三百万户。在他刚上任这年，赋税收入不过四百万缗，而在他离任前已达一千余万缗。遭受“安史之乱”打击的唐王朝经济在刘晏的尽心治理下逐渐走出了困境，呈现出复兴的迹象。

民主篇

1. 民信国立（认同与民主）

原文：12.7 子贡问政。子曰："足食，足兵，民信之矣。"子贡曰："必不得已而去，于斯三者何先？"曰："去兵。"子贡曰："必不得已而去。于斯二者何先？"曰："去食。自古皆有死，民无信不立。"

译文：子贡问怎样治理好一个国家。孔子说："使粮食充足，使军备充足，（对老百姓讲诚信）使老百姓信任国家。"子贡说："如果不得不去掉一项，那么在三项中首先去掉哪一项呢？"孔子说："去掉军备。"子贡说："如果不得不再去掉一项，那么剩下这两项中去掉哪一项呢？"孔子说："去掉粮食。自古以来人总是要死的，但如果老百姓对国家不信任，那么这个国家就没法继续存在下去了。"

【解析】取民信者，可得天下

关注家国是中国知识分子向来的传统，孔门子弟以天下为己任，自然当仁不让谈治理天下。有一次，子贡问起孔子如何治理好一个国家，或者说，治理好国家的条件是什么。孔子回答说：

有三要素。一是强大的经济实力（古代对经济的主要衡量指标是粮食储备。附带说一下，古代很多官员的工资也是折合成粮食计算的。直到新中国成立初期公务人员、国家干部的工资一度也是以粮食来发放的）；二是强大的军事实力（武装部队的数量和装备质量）；三是政府管理层对老百姓讲诚信，使得广大民众认同自己（强大的公信力）。

子贡比较好学，继续探究说："老师，三要素有无先后缓急？如果一定要去掉一个条件，去掉哪个？"孔子说："去兵。强大的军备建立在雄厚的经济基础和广泛的群众支持之上。不然，皮之不存，毛将焉附？""那如果再去掉一个，剩下两个去哪个呢？"孔子说："去掉经济。"最后孔子强调了一句："民无信不立。"日本自明治维新后，德国自俾斯麦铁血统一后，一味重视扩充军力，千方百计力求足兵，国防开支在国民经济中的比例越来越高，而国内民生凋敝。这样的足兵政策一直持续到 1945 年日德法西斯彻底战败才终结。战争造成两国数百万人死亡，人民流离失所，两国的大城市几乎化为废墟。这两个多年穷兵黩武的国家物资损失和人员伤亡都十分惨重，教训令人深思。

如果一味追求足食呢？ 19 世纪末 20 世纪初英美两国的经历给我们最好的前车之鉴。小说《双城记》和《了不起的盖茨比》是对这两个国家这段镀金岁月最细致生动的记录。正如狄更斯所言："这是一个最好的时代，也是一个最坏的时代。"彼时，主要资本主义国家进入垄断阶段，新的组织方式、新的生产工艺层出不穷。但新的社会问题也随之而来，工业企业目无法纪，漠视道德，环境污染严重，社会矛盾尖锐，劳工处境悲惨，食品和医疗问题饱受诟病。各类报纸揭露大量社会各类丑闻和不公平现象。据说当时美国总统西奥多·罗斯福在一次午餐时听助手读报纸，当听到黑心屠宰制肉商家用劣质肉加大量香料制作香肠的新闻时，正在咀嚼香肠的罗斯福惊恐地呕吐起来。

可见，治理一个国家，如果一味畸形发展武力扩军，漠视民生，或者一味崇尚经济利益，无视民心，最终都将与民众信任渐行渐远。治国之道首先在于让民众信任政府，别让“老百姓”成为“老不信”。两千年前孔子和子贡关于治国三要素的论述依然可以为后世提供借鉴。真可谓：“得民心者得天下。”

【故事分享】曹刿论战

鲁庄公十年（公元前684年）之春天，大国齐国的大军进犯弱小的鲁国。鲁庄公想保家卫国，遂迎战齐国。在这个关键时刻，有一个叫曹刿的智者兴冲冲地想去见鲁庄公，为国家出谋划策。曹刿的同伴劝阻他说：“哎呀，你真是多事。这么大的事情自然有贵族大臣参与，你又何必去参与？”曹刿说：“贵族们大多终日饱食酒肉，无所用心，鼠目寸光，不能为国家出谋划策。”庄公听说有人有对付齐国的好办法，马上召见。于是曹刿就被带去见了鲁庄公。一见面，曹刿就问庄公：“您凭什么对付强大的齐国？”庄公说：“精致的衣食，我从不敢独自专有，一定把它们分给身边的大臣。”曹刿回答说：“这种小范围的小恩小惠不能遍施百姓，老百姓是不会信任和顺从您的。”庄公说：“祭祀用的猪牛羊和玉器、丝织品等祭品，我从来不敢虚报和夸大数目，一定对上天说实话。”曹刿回答说：“这还是不能取得大家的信任，神灵是不会赐福于您的。”庄公说：“国家大大小小的诉讼案件，即使不能全部明察秋毫，但我也一定根据实情合情合理裁决，让百姓满意。”曹刿回答说：“这才尽了您的本职，老百姓也会信任您的。我们可以凭借这个条件打一仗。如果作战，请允许我跟随您一同去。”庄公答应了他的请求。

在长勺战场上，庄公与他一起乘坐一辆战车指挥作战。庄公急不可待地想击鼓让将士们快速迎击敌人。曹刿说：“先别击鼓。”齐人击打了两遍鼓叫阵，鲁国军队还是不应战。到齐国第三次击鼓的时候，曹刿看到齐国将士都感到疲倦了，就果断下令：“我们可以进攻了！”鲁国将士感念鲁庄公平时对老百姓的恩德，士气很旺，很快打败了齐国大军。曾经不可一世、认为自己无法战胜的齐国就这样被君民一心的鲁国打败了！

2. 庶人不议（参与和民主）

原文：16.2 孔子曰："天下有道，则礼乐征伐自天子出；天下无道，则礼乐征伐自诸侯出。自诸侯出，盖十世希不失矣；自大夫出，五世希不失矣；陪臣执国命，三世希不失矣。天下有道，则政不在大夫。天下有道，则庶人不议。"

译文：孔子说："天下太平，那么制礼作乐和出兵这样的大事决定于天子；天下昏乱，制礼作乐和出兵这样的大事决定于诸侯。决定从诸侯出，大概传十代，很少有不丧失权力的。决定从大夫出，大概传五代，很少有不丧失权力的。如果是比大夫更下一等的家臣把持国家权力，大概传三代，很少有不丧失权力的。若天下太平，国家最高权力就不会掌控在大夫手中。若天下太平，老百姓便不会议论纷纷。"

【解析】构建公民文化，推进民主参与

如果把民主政治运行机制比作一个计算机系统，那么民意民情就是输入系统，如同扫描仪、键盘和鼠标一般。政府（广义上包括立法、行政和司法机构）运行就是各种软硬件的合力。政

府出台的法律、政策和具体措施就是输出系统，如同显示图像、放出声音和打印图像等。1960年政治学家阿尔蒙德（Gabriel A. Almond）与维巴（S. Verba）合作，进行了一项开拓性的比较政治研究。他们比较了5个国家的公民的政治自信和参与度，将公民对政治的参与和感知（即政治文化）分成三个层次。第一是地域型政治文化，公民处于对外界政治几乎一无所知的状态，自认为日常生活与政治毫无关系，如同毕飞宇的小说《地球上的王家庄》中以为地球就是王家庄的村民一般。第二是顺从文化或者臣民文化，公民意识到了统治者的存在以及施加的影响，但选择默默服从。因为他们自认为无能力进行政治输入，没有信心参与政治，对政治也是冷漠的。第三种是现代公民文化，公民认为国家政治生活与自己息息相关，自己是国家的主导者，可以有效进行政治输入，他们对参与政治具有强烈自信。

我国素来有民本的传统，《尚书》有言："民之所欲，天地从之。"其意思是：人民的意愿，哪怕老天爷也要顺从。《尚书》中还提到"民维邦本，本固邦宁"，更明确表达了一个国家的长治久安在于尊重人民意愿的观点。孔子的庶人之议、子产的乡校是古代的一种民主参与制度，是一种以民为本的公民文化雏形，我们应当吸收借鉴，构建更加广泛而又有原则的公民文化，推进积极又不失稳妥的民主参与，实现国家的治理现代化。

【故事分享】子产广开言路

郑国在春秋时代是个不大的国家，经历了长期内忧外患，国力变得更加弱小。执政的上卿子皮把一切看在眼里，不由忧心忡忡。他听说大夫子产很有才干，就主动让贤，向国君郑简公推荐子产接替自己执政。子产果然不负众望，上任伊始，就大刀阔斧地实施改革。他对城市和乡村进行分类管理。他让不同地位的人各司其职，责任到人。一系列轰轰烈烈的改革让郑国上下震动。但影响最深刻的是子产在田地方面的改革。子产重新丈量划分了土地，按照人口重新分配了土地和房子，据说还要根据田产多少收税。田地是大家的命根子，这下子产可捅了马蜂窝。郑国在地方上自古设有乡校，这可不是普通的学校，它类似于今天的乡村大礼堂，便于大家集会发表言论。那些认为自己在子产推行的改革中利益受到损害的人，正好可以在乡校里大发牢骚。他们编了歌谣唱道："计算我的家产而收财物税，丈量我的耕地而征收田税，这好比吃我们的肉啊。谁如果杀死子产，我就毫不犹豫助他一臂之力。"

子产的拥护者、郑国大夫然明听到这些话，心情很是复杂。他既对大家的不理解感到无奈，又为子产的人身安全忧心忡忡。他在一次议事时对子产说："我们老祖宗留下来的设在各地的乡校，只能让一大群人酒足饭饱后乱发牢骚，不利于社会安定，您干脆下令把它们都拆毁算了。"子产说："这如何使得，我们为什么毁掉乡校？人们干完活儿回来到那里聚一下，议论一下我们施

政措施的好坏。他们赞成的，我们听一听也行，感觉合理的就推行；他们讨厌的，我们更要认真听一听，反思后认为不太对的就立刻改正。在乡校中的民间言论，是我们的不可多得的好老师啊。如果把乡校毁了，把大家的嘴堵上，就像堵塞汹涌澎湃的大洪水一样，一旦决堤，酿成的大事故必然会伤害很多人，到那个时候我们即使想补救也回天无力。我们还不如把乡校留着，让大家日常发发牢骚，这好比开个小口将洪水分流，不会造成大麻烦的。而且这些牢骚中不乏有用的，把它当作治病改进的良药，这对我们的长期执政有好处。”

果然，子产一方面坚定不移地推进改革，另一方面也倾听大家的意见做了一定的调整。子产执政后没几年，乡间里流里流气的年轻人不再四处游荡了；头发花白的老年人颐养天年，不再肩挑手提干重活；小孩安心去学堂读书，不再到田间耕地；商人公平买卖，不再哄抬物价。数年之后，大家普遍感到日子比分地交税前好过多了，在乡校中骂子产的歌谣渐渐变成了赞颂子产的歌谣。大家唱道：“我有孩子，子产来教诲；我有田地，子产来栽培。上天啊，你一定要让子产长命百岁，一旦子产死了，谁还能让我们过这样好的日子？”郑国的经济生产在子产的民主治理下有了大发展，社会气象焕然一新。子产广开言路、不毁乡校的故事也被后世铭记。

3．勿欺可犯（监督与民主）

原文： 14.22 子路问事君，子曰："勿欺也，而犯之。"

译文： 子路问如何侍奉君主，孔子说："可以（为了道义）当面触犯他，不可（阳奉阴违）欺骗他。"

【解析】关注关键群体，从严监督吏治

公元1799年冬，乾隆帝走到了生命的终点，驾鹤西去。回顾乾隆帝一生，他前期励精图治，功勋卓著，但后期由于年事渐高而安于现状，吏治过宽。巨贪和珅更是依仗乾隆信赖掌握核心权力，使官场侈靡之风日盛，整个吏治生态随之恶化。对关键岗位的监察失误使得乾隆末期吏治败坏，危机丛生。历史是最好的老师，我们如果把现代国家治理视为一个巨大的系统，那么各级领导干部就是系统的关键节点。宰臣为首官，位居中枢，调和天下，地方长官则肩负"郡县治，天下安"的重任。一个好的官员可以带好一个班子，为官一任，造福一方，风清气正，政通人和。反之，一个劣官将会带垮一个班子，祸害一方，搞得天怒人怨。

关注关键少数，必须严格管理领导干部，不仅要看他任期前的工作能力和学历素质，更要看他任期内的工作业绩。关注关键少数，必须加强领导干部问责机制，加强重大责任终身问责机制。关注关键少数，必须加强民主生活会制度，落到实处，要让领导干部“咬耳朵、扯袖子、红红脸、出出汗”成为常态；有则改之，无则加勉。开展民主生活会监督，犯一下领导干部颜面，也是对领导干部的爱护。关注关键少数，不仅要关注领导干部的工作事项，也要关注领导干部8小时外的生活状态，要落实干部子女、配偶出境等重大事项汇报机制，不能让“两面人”和裸官存在于干部队伍之中。

【故事分享】铁面御史郭琇

在智擒鳌拜、平定三藩、收复台湾、远征雅克萨之后，康熙王朝迎来海晏河清的长久太平时期。但天下承平安乐时间过长，各级官僚人心懈怠，开始朋比为奸，结党营私。当时最有势力的官僚集团的首领是明珠和索额图，索额图倒台以后，明珠集团一家独大。明珠集团中有权势并且贪腐成性的文臣很多，比较有代表性的有“五方宝物归东海”的徐乾学（东海是徐的号），他仅仅在老家昆山的田产就有千顷之多，还有“万国金珠归澹人”的高士奇（澹人是高的字），此人在平湖县有田产千顷，并大兴土木，修整花园。至于集团首脑明珠，更是通过把持朝政、控制言路、结交文官，过着“货贿山积”的奢侈生活，现在看依然豪华无比的醇亲王府就是明珠旧府邸。

明珠集团的所作所为引起了正直大臣的忧虑，但他们大多畏惧明珠权势，敢怒不敢言。御史郭琇不仅与大家一样义愤，更有常人不具备的敢于直言进谏、监督弹劾权臣的勇气。早在担任江南道御史的时候，郭琇就因弹劾过封疆大吏——河道总督靳辅而名噪一时，更因为他“居心恬淡，莅事精锐”，没有私欲，一心为公，不参与任何党争，康熙对他很信任，大臣对他很尊敬，贪官对他也很巴结和畏惧。他深知明珠集团经过多年经营，树大根深，形成了一个盘根错节的关系网络，平常的监督弹劾已经不起作用，必须等待机会。

机会终于来了。明珠迎来了寿诞，一时间明府大门里挤满当朝显贵，华盖如云，各种贺寿的礼单、奇珍异宝令人眼花缭乱，各种贺寿诗词文采斐然。明府前厅上下张灯结彩，周围鼓瑟齐鸣，酒席上高朋满座。海陆八珍，琼浆玉露，应有尽有。作为宴会主角的明珠更是心情大好，频频举杯劝酒。一时间人们仿佛进入神仙府，感叹人间能有几回见。正当酒过三巡、菜过五味时，家仆通报御史郭琇前来祝寿。御史的职责是监察官员，一般出于避讳惯例，总是与大臣保持一定距离。在清代也是这样，一般而言，御史不会给当朝大臣祝寿，更何况以耿介出名的郭琇。他的到来让明珠很是高兴；御史能来证明自己是个“清官”啊。明珠很是得意，郑重整理了礼服，亲自将郭琇迎到大堂上座。

郭琇进来以后仅仅打躬作揖并不下拜，也不喝酒夹菜，只是

淡淡微笑看着明珠。他坐下一会儿之后，故意多次做牵拉衣袖的动作。古代人的文件多放在衣袖里面，明珠就以为郭琇有贺寿诗文拿来朗读，高兴地说："御史大人有诗文相赠吗？"郭琇吩咐家仆："给我一个大酒杯。"待家仆倒满酒后，他从容正色说："贺寿礼物在下有，但不是诗文。"话音刚落，他就从袖子里拿出准备好的弹劾明珠罪状的奏章，当着众人面大声朗读起来。罪状大致是这样几条："一，把持朝堂，控制言路；二，卖官鬻爵，贪腐成性；三，收买人心，内心阴毒。"在众人和明珠的惊愕中，郭琇朗读完了这份特殊贺礼——弹劾权臣的奏章后，拱手对明珠说："恕我无礼，在老朋友寿诞的日子里扫了您和大家的雅兴，我自罚一大杯。"说着就举起大酒杯喝完，然后在满堂哗然中转身而去，大家也不敢阻拦。

康熙不久便拿到了奏章，看到了郭琇的无畏谏言。康熙随即就解除了以明珠为首的四位大学士（相当于宰相级别）的官衔，也罢免了五位尚书级别的大臣的职务，还有其他大员也被罢免。康熙后期，贪腐得到了遏制，吏治得到了整顿，官场风气得以澄清。敢于谏言弹劾权臣的郭琇也名闻四方。

4. 君君臣臣（制度与民主）

原文：12.11 齐景公问政于孔子。孔子对曰："君君，臣臣，父父，子子。"公曰："善哉！信如君不君，臣不臣，父不父，子不子，虽有粟，吾得而食诸？"

译文：齐景公向孔子请教从政之道。孔子回答说："君主要像个君主，臣子要像个臣子，父亲要像个父亲，儿子要像个儿子。"齐景公说："对极了！如果君主不像个君主，臣子不像个臣子，父亲不像个父亲，儿子不像个儿子，即使有很多粮食，我还能吃到吗？"

原文：3.19 定公问："君使臣，臣事君，如之何？"孔子对曰："君使臣以礼，臣事君以忠。"

译文：鲁定公问："君主任用臣下，臣下侍奉君主，各自该如何做？"孔子回答说："君主应该按照礼制规则任用臣下，臣下应该忠诚侍奉君主。"

【解析】木柙制约虎豹，制度制约权力

俗话说，"宰相家仆七品官"，此家仆没有经过国家的考核和

任命，却拥有等同县官的权力，是因为他接近国家行政权力的中心——宰相。在社会发展的进程中，肆意扩张的权力始终是一个充满诱惑和凶险的存在。说它充满诱惑，是因为权力能给人各种便利，能满足人的各种欲望。武则天任用酷吏，屡兴大案，诛杀大臣，有朝臣劝她不要杀戮过多，武则天笑而不语，带着朝臣来到幽暗山洞密室，命人燃起火把。飞蛾迎火而来，自取灭亡，依然奋不顾身。她通过这件事告诉朝臣，在一定领域中只要有不受限的权力，就会吸引天下人飞蛾扑火般追求之。说权力凶险，是因为没有约束的权力如同出笼的猛兽毒蛇一般，会戕害乃至吞噬他人生命。孔子路遇宁愿被老虎吃掉也不愿去受权力肆虐之苦的妇人，感慨道："苛政猛于虎。"柳宗元目睹情愿被蛇咬死也不愿面对沉重赋税的猎户，悲叹道："赋敛之毒甚于蛇。"《儒林外史》开篇讲了这样一个故事：王冕不肯见知县，旁人劝他："自古道：'灭门的知县。'你和他拗些甚么？"一个地方基层官员手中的权力，如果不加以制约，就会吞噬普通民众的身家性命，更何况高爵显位之人了。

孔子说"君君，臣臣"，是说要对君主和大臣的权力加以制约。要完善社会主义民主建设，实现国家治理现代化，我们必须将改革的刀刃向内，有壮士断腕的决心，对任性的权力加以制约。德国社会学家韦伯谈及现代行政制度时首先提到这样两条：一、对每个行政组织成员的权力和责任都有明确的规定，并使之作为正式职责而合法化；二、官员们按职务的级别和权力等级进行安排，形成一个自上而下的等级严密的指挥系统，但是每个职务均有明确的职权范围。孔子的制约权力的思想与两千年后韦伯的主张形成了呼应。

【故事分享】周亚夫军礼待君

公元前 158 年，匈奴的军臣单于起兵六万，侵犯上郡（今陕西榆林东南）和云中（在今内蒙古托克托东北），杀了不少无辜百姓，抢掠了大量财物。匈奴骑兵本身善于骑射，且集中突破，边境的防卫力量又过于分散，短时间内难以组织起有效的防御，汉军只好在烽火台上点燃烽火来报警。连绵不断的火光沿着边关一直到达长安，一时间引得长安内外、朝廷上下人心惶惶。

当时的国君汉文帝一看大兵压境，就连忙派皇室宗亲刘礼、祝兹侯徐厉、河内太守周亚夫三人为将军，率领大军依次驻守在灞上、棘门和细柳三个大营来拱卫首都长安。勤政而有见识的汉文帝时刻牵挂前线的局势，为了视察军队备战情况，也为了慰问一下辛苦的将士们，他就命人准备车驾前往那三个军营。

汉文帝的车驾首先到了刘礼的灞上营区。先遣官员提前通报，刘礼和他的部下将士一听说皇帝亲自到了军营，不顾军规，忙不迭离开指挥大帐，并大开军营正门，骑马跑出来欢迎皇帝驾临。刘礼陪同汉文帝检阅队伍，车驾可以在军营中横冲直撞，随意进出，本该威严的军营变成了皇家车队的游乐场。刘礼破格破规的热情款待并没有让汉文帝内心宽慰，他只是礼节性地慰问了

几句话，然后去了徐厉的棘门大营，然而遇到的情况也差不多。

最后，汉文帝来到细柳。周亚夫军营的前哨一见远远有一队身份不明的人马向军营靠拢，立刻按照规定报告周亚夫。周亚夫马上下达作战指令。在军营中身穿盔甲的将士们刀刃在手，弓箭上弦，完全是作战的样子。汉文帝的前导官员来军营通报说："皇帝要来了。"周亚夫不让他随意进门。守门的将士不客气地回复道："非常时期，我们依据军规办事，只有象征天子的节符到，我们才开门。"汉文帝只好按照规矩让使者拿出象征皇帝身份的节符，周亚夫才谨慎打开侧门让皇帝车驾进入。守卫侧门的军士还威严告诫习惯了横行无忌的皇帝御前随从："军营有规矩，在军营中不能随意快速进出。"随从官员都很生气，汉文帝却吩咐大家在军中要谨慎遵守军礼，要求大家放松缰绳，缓缓地前往中军帐。

到了中营，周亚夫全身披甲，威风凛凛地站在汉文帝面前，也不跪拜，只是手拿武器作了个揖算行了礼。他认真解释说："臣现在盔甲在身，不便下拜，请允许按照军礼军规见君王。"汉文帝听了，大为震动，也扶着车前的横木行了礼，向周亚夫表示答礼。接着，他又命令随从在军营按照军规行事，向全军将士传达他的慰问。慰问结束后，周亚夫按照军规不设隆重晚宴，更不留皇帝车驾过夜。汉文帝很快便离开了细柳。在回长安的路上，他的随从人员都愤愤不平，认为周亚夫对皇帝太无礼了。但汉文帝却感叹道："哎呀，周亚夫才是真正的将军啊！灞上和棘门两个地方的军队，不遵守军事规则，就跟孩子们玩游戏一样。这样的军纪和战备，以及松松垮垮的队伍，如果敌人来偷袭，他们不做俘虏才怪呢。而周亚夫麾下有这样纪律严明的军队，敌人怎敢侵犯啊！”过了一个多月，周亚夫等前锋汉军挺进北方，匈奴大军与之交手后知道遇见了劲敌，就不得不退了兵。

后来汉文帝患了重病，临终的时候，他把太子叫到跟前，特地嘱咐说：“如果将来国家遇到危机，让周亚夫统率军队。”周亚夫在细柳营不畏皇权、直言不讳、规则为先的精神触动了汉文帝，而汉文帝也尊重下情规则，发扬民主，知人善任。这对君臣对于规则的共同遵守，为周亚夫平定“七国之乱”，以及汉朝迎来著名的“文景之治”奠定了坚实基础。

文明篇

1．弦歌不辍（兴教与文明）

原文：17.4 子之武城，闻弦歌之声。夫子莞尔而笑，曰："割鸡焉用牛刀？"子游对曰："昔者偃也闻诸夫子曰：'君子学道则爱人，小人学道则易使也。'"子曰："二三子！偃之言是也。前言戏之耳。"

译文：孔子（以及几个弟子）到了弟子子游当县令的武城，听到县里到处是琴瑟演奏的诗歌礼乐之声。孔子不由微微一笑，说："杀鸡何必用牛刀？治理这个小地方，还用得着教育吗？"子游说："老师曾教导我们，（利用教育）使得当官的君子懂得仁爱，使得在下的百姓容易听指挥。（所以教育总是有用的。）"孔子说："各位弟子，言偃的话是对的，我刚才和大家开个玩笑罢了。"

原文：3.24 仪封人请见，曰："君子之至于斯也，吾未尝不得见也。"从者见之。出曰："二三子何患于丧乎？天下之无道也久矣，天将以夫子为木铎。"

译文：孔子一行路过一个叫仪的边境。仪的边境长官请求孔子接见，他说："所有路过这个地方有道德学问的人，我从来没有不和他见面的。"随行的学生带他去见了孔子。（接见完

毕）边境长官告辞的时候对随行学生说：“你们何必担心没有官位呢？天下黑暗愚昧太久了，上天让你们的老师当文明教化的木铎呢。”

【解析】文明大计，树人为本

结束于1945年的二战是人类的浩劫，同盟国为了反法西斯战争的最后胜利付出了巨大的生命代价。作为战争策源地的德国和日本，也损伤惨重：两国的经济几乎全面崩溃，大城市几乎化为一片焦土，企业停产，交通中断，外汇枯竭。但仅仅过了25年，到1970年，日本、德国的经济就超过英、法、美等老牌资本主义国家，分别跃居资本主义国家经济实力的第二、第三位，成就了举世瞩目的日本经济奇迹和德国经济奇迹。

这种物质文明奇迹的产生原因是多方面的，例如对军国主义的清算、美国的扶持、民主化改革，等等。然而高度物质文明的创造者主要是人，高素质的人。那么高素质的人从哪里来？自然来自两国长期重视的科教兴国战略。19世纪末，日本的初等教育已经得到了较快的发展，确立了免费义务教育的原则。据统计，1899—1901年两年间，日本初等教育入学率由72.8%上升到88.1%。到1905年，初等教育入学率又提高到95.6%。在普及义务教育的同时，日本还大力发展以帝国大学为代表的高等研究型大学教育。1816年，德国普鲁士适龄儿童入学率为60%。1846年，适龄儿童入学率为82%。德国初等教育已走到了欧美其他国家的前列。柏林洪堡大学更是享誉世界。所以，国家的文明需要人来创造和传承，而人的素养的提升则主要靠兴办教育。一年收获一次的是稻谷，只可以保障一年温饱无忧；十年收获一次的是林木，可以保障数十年的家庭生活；传承百年的教育树人战略，方可延续国家百年文明。

【故事分享】范仲淹兴学

宋代是一个经济发达、文化繁荣的伟大时代。北宋画家张择端的传世名画《清明上河图》生动再现了当时宋都汴梁（今河南开封）商贾云集、街巷交错、百业兴旺的场景。宋代皇帝率先垂范，重视文臣，推行文治。宋太宗就喜好读书，每天必读三卷《太平广记》，自称开卷有益，成就了帝王推动文教的佳话。在这样的社会环境下，北宋出现了一大批位高权重又崇尚文教的文官。名臣范仲淹就是这个群体中的杰出代表人物。

范仲淹是苏州吴县人，父亲死后，因为家里贫穷，母亲不得不带着他改嫁到一个姓朱的人家。范仲淹在十分艰苦的环境中读书成长，穷得连三餐饭都吃不上，只能熬点薄粥充饥，但是他仍旧刻苦自学。这样苦读了五六年，他终于成为一个很有学问的人，并通过科举考试成了朝廷的大臣。在功成名就后，范仲淹回到了故乡苏州担任知州，做了不少深得民心的业绩。最广为传颂的莫过于他舍弃豪宅宝地兴办教育的举措。

一开始，范仲淹回到故里时也有衣锦还乡、光宗耀祖的传统想法。他看中了风光秀丽的南园地区。南园历来是达官显贵营建豪宅的理想之地，五代大臣钱元璙和中吴军节度使孙承祐于此营造的园林更是精致无比、巧夺天工。范仲淹全家上下听闻可以乔迁新居很是高兴，积极帮他谋划布局。然而范仲淹却陷入了深思："我当官的目的难道只是一家人永葆富贵？朝廷俸禄不低，已然全家衣食无忧。这难道就是我人生所追求的全部意义所在？"

家里人请来了著名的风水先生来勘察地势。风水先生仔细在园林里走了一圈后对范仲淹说："这可是块难得的风水宝地。如果在这里营建大宅，必能让子孙后代中第不断。"范仲淹多日思虑后，心中主意已定，他认真说道："现在朝廷已经给我很高的待遇，全家已经可以衣食无忧了。我是苦读出来的，深知读书可以使人明理进取。我不如让出这片宝地，给天下有志气的读书人兴办一个学府，让更多人受到教育。"范仲淹言出即行，他利用自己的影响力，周密筹划，营建宽敞的苏州府学，高薪延请饱学鸿儒来这里任教，并且供给贫寒士子衣食，把苏州府学办成当时的一流学府。这为苏州地区，乃至整个宋朝的物质文明和精神文明的长期繁荣奠定了坚实的基础。后人称赞说："天下郡县学莫盛于宋，然其始亦由于吴中，盖范文正以宅建学，延胡安定为师，文教自此兴焉。"范仲淹身居高位不忘文教的举动是当时北宋政府重视文教建设的一个典型事例。

2. 述而不作（传承与文明）

原文：7.1 子曰：“述而不作，信而好古，窃比于我老彭。”

译文：孔子说：“传承但不轻易加入自己的思想，笃信并喜欢古代文化典籍，我私下把自己比作商代的老彭。”

原文：3.9 子曰：“夏礼，吾能言之，杞不足征也；殷礼，吾能言之，宋不足征也。文献不足故也。足，则吾能征之矣。”

译文：孔子说：“夏代的礼仪制度，我可以说一些，但不可完全引用它的后代杞国的材料。商代的礼仪制度，我可以说一些，但不可完全引用它的后代宋国的材料。这主要是因为它们的第一手材料和贤者不足，如果第一手材料和贤者足备，我就采纳引用了。”

原文：3.14 子曰：“周监于二代，郁郁乎文哉！吾从周。”

译文：孔子说：“周代的礼仪是传承了夏商两代礼仪（并加以完善），这是多么的丰富且完美呀，我推崇周朝的礼仪。”

原文：9.5 子畏于匡，曰：“文王既没，文不在兹乎？天之将丧斯文也，后死者不得与于斯文也；天之未丧斯文也，匡人其如予何？”

译文：孔子在匡地被当地人围困拘禁。孔子说：“自从周文王去世后，周的礼乐文化传承不就在我这里吗？上天如果要消灭这种文化，那我便不会拥有这种文化了；上天如果不想消灭这种文化，匡人又能把（作为文化传承者的）我怎么样呢？”

【解析】传承古典文化，留住集体记忆

西方的历史固然可以追溯到古希腊、古罗马，但西方文明的中心总是在变动之中，如同一场漫长的接力赛。跑第一棒的是奉行民主的古希腊人，跑第二棒的是崇尚法律的古罗马人，跑第三棒的是神俗分权的日耳曼人，跑第四棒的是大航海时代的葡萄牙人和西班牙人，跑第五棒的是重视商业信用的荷兰人，跑第六棒的是发起工业革命的英国人，最后由美国人接棒，后一棒跑的选手将前一棒选手的优秀基因传递了下去。

而中国是一个具有浓厚历史底蕴的文明国家，中华文明总是在同一个地方——一片广袤的东方大地上延续，这成为中华儿女共同身份的确认符号。

我们面对这样深厚的文化传统，首先，还是要以时代精神为标准，取其精华、去其糟粕。传统文化的优秀因子，例如爱国、诚信、孝道、友善等自然要延续下去，但“三纲五常”、“男尊女卑”等消极因子还是要果断舍弃的。对于文化传承，我们的正说、戏说、胡说和歪说太多了，这正是因为传承正说的话语权有时不

够强大。其次，文化传承还需要有更广阔的视野，第一手资料不仅应该包括文字资料，还应包括近代影像文件和历史文物或遗迹。从更广阔的视野来说，历史文化还包括依靠人来传承的口述历史和非物质文化遗产。孔子谈到的“文献”中的“献”，有“通晓历史的贤者”的意思，近年来一些重大事件亲历者（例如抗战老兵、日军暴行幸存者、抗美援朝老兵等）的口述历史也比较热门，这些重大事件的亲历者逐渐老去，一些具有特殊技艺的非物质文化遗产传承人、老工匠也在逝去，对于历史文化遗产的抢救发掘，已然刻不容缓。

青年是文化传承的主体。我们的传承要有自信，优秀的文化必然有其魅力。传承的手法也可以多元化、现代化。中国风歌曲如《青花瓷》《兰亭序》，优秀的文化纪录片如《假如国宝会说话》《台北故宫》《我在故宫修文物》，以及故宫开发的文创产品，都受到了年轻人的热情追捧。古典文化在新的时代焕发新的生命力，延续着我们古老而伟大民族的集体记忆。

【故事分享】四代人接力编纂《全唐诗》

中国是一个喜爱诗歌的国度，唐朝是诗歌创作的黄金时代，唐诗是我们诗歌宝库中最闪亮的瑰宝。当你在吟诵“白日依山尽，黄河入海流”“碧玉妆成一树高，万条垂下绿丝绦”“春蚕到死丝方尽，蜡炬成灰泪始干”这些耳熟能详的千古诗篇的时候，你可知道这些诗句经过了前人多少的辛勤努力才编纂成册、流传后世？

唐代的时候，虽然有了纸张，但文字的保存依然很难。李白一生所写的诗歌据估计有近万首，在他去世后，这些诗歌由其族叔李阳冰整理成集，名曰《草堂集》，可惜后来这个稿本不幸失传，现在我们能看到的李白诗歌只有几百首。杜甫流传至今的诗歌有 1400 首，但他 40 岁以前的诗歌大部分也失传了，而我们知道杜甫只活了 58 岁。也就是说，这两个伟大的天才诗人的诗歌，十有八九都佚失了。李商隐、王维、孟浩然的诗歌佚失得就更严重了，创作《春江花月夜》的张若虚更是只有两首诗为人所知。所以，我们当下能见到的这些唐诗都是好不容易才保存下来的。这其中主要凝结了跨越明清两朝大致四代人——胡震亨、钱谦益、季振宜、曹寅的持续努力。

明代天启年间，有一个叫胡震亨的官员因为不满当时大太监魏忠贤的专横跋扈所导致的朝政混乱腐败，愤然辞官回家，读书修身养性。胡震亨是个唐诗爱好者，也是家藏万卷书的藏书家。一次偶然的机会，他发现当时所谓最全的唐诗集《唐诗纪》中没有收录唐代开国皇帝李渊的诗。李渊虽是平庸诗人，但是贵为皇帝有诗歌流传还是大家都知道的。原来《唐诗纪》是那么不完整呀！胡震亨在心里感叹道。于是他下了很大决心，利用家里丰富的藏书，花了十年时间编纂完成《唐音统签》，这部书不但收录了当时最完整的唐代和五代诗，以及词曲、歌谣、谚语、酒令、占辞等，更难能可贵的是，其中还有各个比较有名的诗人的详细生平经历和许多不知名诗人甚至无名诗人的作品。在完成这部巨著后，胡震亨意犹未尽，相继完成了李白、杜甫诗歌的全集《李诗通》和《杜诗通》。胡震亨传承唐诗文化的满满责任心和成书壮举为后来《全唐诗》的完成走出了坚实的第一步。

腐朽的明王朝在明末起义军的呐喊中走到了尽头，崛起于白山黑水之间的八旗军队进入山海关，席卷了大江南北，建立了中国最后一个封建王朝——清朝。在王朝更替的动荡岁月，有个叫钱谦益的人依然执拗地传承着有关唐诗的文化使命。钱谦益本身是个著名诗人，也是研究杜甫诗歌的权威，直到今天，他的《钱注杜诗》20卷依然是研究者必读的经典著作。他雄心勃勃地要编一本全唐诗，轰轰烈烈地筹划了很多年，但编到初具规模时他去世了。他的遗稿和藏书几经辗转，到了一个叫季振宜的人手里。季振宜和胡震亨一样，是个藏书万卷的藏书家，他整合了前人的各种唐诗集，将各个版本反复比较，将错误的地方纠正，将不足的地方补全，将存在疑惑的地方解释清楚，历时十年终于完成了《唐诗》。这是继胡震亨《唐音统签》之后又一部里程碑式的唐诗巨著，它收录从唐朝开国皇帝李渊到唐结束后五代的大量诗作，还附录了大量完整的诗人传记。正当季振宜大致完成手稿想要出版的时候，他却突然去世了。

季振宜生活的时代是康熙帝统治的鼎盛时期，康熙帝本人也是中华传统文化，尤其是唐诗的爱好者。他得到了胡和季两人比较完备的两部手稿后，让亲信江宁织造曹寅（就是曹雪芹的爷爷）

做完成《全唐诗》的最后全力冲刺。于是,《全唐诗》编纂接力的最后一棒交到了曹寅手里。他组织了饱学翰林在扬州完成这项工作。他们发现胡和季的版本各有所长，在记载唐前期的诗作方面，季的版本比较好，而在记载后期的诗作方面，胡的版本更胜一筹。他们综合了胡和季的两个版本，又从石碑和其他书中搜集了当时可以找到的被遗漏的唐人诗作。地位显赫、深得宠信的曹寅本人具有很高的文学修养，又喜好结交文人雅士，在文人圈子中威信很高，又有雄厚的财力和康熙皇帝的全力支持——天时、地利、人和俱备，让这部书的编纂进展很顺利。不到一年时间，大家就把成书送达康熙皇帝宝座前。康熙帝见此很是高兴，欣然为这本经过多人努力最后完成的《全唐诗》写了序言。康熙帝在序言中自豪而大气地说:“得诗四万八千九百余首，凡二千二百余人，厘为九百卷。于是唐三百年诗人之菁华，咸采撷荟萃于一编之内，亦可云大备矣。”唐诗和编纂传承唐诗的几代人，如夜空中的璀璨星辰，光芒万丈，一直守望着中国人的精神家园!

3. 文德以来（国力与文明）

原文：16.1 夫如是，故远人不服，则修文德以来之。既来之，则安之。

译文：如果做到这样，远方的人还不肯归服，便应再修治仁义礼教来吸引他们来。他们一旦来了，就要使他们安顿下来。

原文：13.16 叶公问政。子曰："近者悦，远者来。"

译文：叶公（向孔子）问从政的要点。孔子回答说："使境内的百姓都快乐愉悦，那境外的人也会被吸引过来。"

【解析】文化是一种软实力

两方之间的实力或者权力存在差异，甚至差距悬殊，是人类社会的一个普遍现象。在工厂或作坊劳作时，工匠老师傅因为高超的技能总是受到年轻学徒的拥戴。在田间耕耘时，年高的老农因为丰富的经验也总是受到后生的尊重。在街角公园玩闹时，身高体壮的大孩子总是成为孩子们的中心。经验、才智、体格、年纪，外貌甚至家庭，都成了区分人与人之间实力的打分项。那么国家呢？国家的实力如何区分？国家，尤其是大国会通过比较强的硬实力和软实力来凸显自己的卓越地位。大国普遍具有超凡的

硬实力，粗略而言有这样几项：广袤的国土（这里最具代表性的是前苏联和后来的俄罗斯，无比辽阔的国土让任何想在陆地上侵犯它的国家望而生畏）、庞大的人口（最典型的代表是中国和印度）、超强的经济实力（美国拥有世界第一的经济实力）、一流的军事实力（美国拥有庞大的核武库和超级强大的常规力量）。软实力方面包括外交影响力和国际认同、国民士气和国民素质等。软实力其实与文化密切相关，其与硬实力一道支撑起了一个大国的崛起。

我们当然知道美国纵横各大洋的航母集群的硬实力，但也不能忽视好莱坞电影、可口可乐和肯德基中蕴含的文化软实力。我们当然了解俄罗斯战斗民族令人畏惧的核武库和装甲集群，但我们从契诃夫小说、多情的娜塔莎和飘逸的天鹅湖中也见识了这个民族的另外一个形象。今天的英国和法国固然比它们最辉煌的时候衰弱了些，不再具有日不落帝国的鼎盛和法兰西帝国的荣耀，但优质的英国大学和基础科研，优雅时尚的法国服装和有品位的香水，依然不容小觑。中华民族要强大，不仅要靠地大物博、人口众多，还要有一流的军事实力和经济实力，更要有过人的甚至是独一无二的文化制度吸引力。待中华民族真正复兴的那一刻，彰显中国实力的不仅是远行大洋的中国航母编队、走向全球的“中国制造”，更有外国青年学子对中国文明的仰慕，大家都以展示中华文明为荣。我们只有做到了孔子所说的“近者悦，远者来”，成为一个软硬实力兼备的大国，才可以说真正走向了民族的伟大复兴！

【故事分享】楚庄王知耻修文

在春秋时期，几个数得着的强大国家基本都处在中原地区，围绕着国力虽然已经衰弱，但依然是文明中心的周王室。当时地处偏远南方的楚国在中原各国看来是一个文化落后、国力弱小的蛮荒之国，并被不屑地称为“蛮夷”。饱受歧视的几代楚国国君都很要强，且崇尚武力，觉得这些中原大国既然看不起他们，他们就用强大的武力来还击。几代楚君励精图治，不断向北方中原地区扩张，楚武王打败了北方依附中原的随国，得到了随国拥有的丰富铜矿。楚庄王成为国君的时候，青铜戈握举在战士的手里密如树林，青铜箭如大雨一般飞落到敌人城墙里，青铜战车冲击敌人的阵列如同猛虎扑食。武力空前强大的楚国趁机吞并了不少国家，地盘也达千里之广。

正当楚国武力处于巅峰的时候，北方一支叫作陆浑戎的少数民族也强大了起来，部落首领发动大军袭扰中原。武力衰弱的中原各国居然无法阻挡这支军队。眼看着敌人就要逼近周王室的都城，也是中原文化的中心洛邑，周天子急得直跺脚。楚庄王一看这个局面，心想：这可是我们楚国在中原国家面前显示力量的好时机。于是他就亲自率领大军浩浩荡荡向洛邑方向杀来。羽翼未丰的陆浑戎哪里是当时武力第一的楚军的对手，在战场上刚一交锋，就被楚军击败，仓皇逃窜。楚军一路乘胜追击。当古老的周王朝都城洛邑的巍峨壮观城墙展现在楚庄王面前的时候，楚庄王下令围绕洛邑在郊外举行盛大的阅兵仪式，如一只猛虎在挑逗已

经唾手可得的小猎物。

随着洛邑古老的巨大城门缓缓打开，德高望重的周王室大臣王孙满出城代表周天子来犒劳楚军。原来，按照春秋的周礼，作为诸侯国的楚国有义务在周王室面临危机的时候保卫王室，而王室也应当对诸侯大军表示慰问。面对这个衰弱不堪的文明中心，面对连做楚王卫队也不够格的周王室军队，面对须发斑白的王孙满，英武的楚庄王心里突然有了做恶作剧的冲动。在一番客套寒暄后，楚庄王问王孙满："天子宫里的九鼎有到底多重呀？"王孙满心里"咯噔"一下：这九鼎象征天子至高的权力，这个蛮夷野心可真不小，也真狂妄。好在王孙满机智过人，他巧妙回道："拥有九鼎的关键在于文明德行。"楚庄王被王孙满不卑不亢又得体的回答暗暗折服，但又不想马上认输，就板起脸来威胁道："您不要仗着有九鼎就自以为了不起，您看看外面，我们有这么多的将士，我们手里的武器只要熔化了，再大再多的鼎也可以铸成！"王孙满是个见过大场面的人，他立马严肃反驳道："大王您不知道历史吗？您难道忘记了吗？这几个鼎历史悠久！远古夏代昌盛时，边远的国家都来朝贡，九州的长官进贡金属，才铸成这九个大鼎。当时有德的夏朝天子在鼎身上绘了许多山川河流和各种怪异之物，好让百姓知道怪异为害情况。可是夏代最后一个国君桀道德败坏，鼎立刻被转移到了商，商拥有了这九个鼎六百年。商纣王又与夏桀一样残暴，鼎马上又被转移到周。如果天子道德高尚，鼎虽然很小，却会重得移不动；如果天子道德败坏，鼎即使再重也容易移动。过去，周成王把九鼎安置在郏鄏，据说可以传世三十代，立国七百年，这是上天的意旨。如今周王室虽然国力衰微，但文明道德没有完全消失，这是上天的意旨。九鼎轻重，不是随便什么人都可以问的，真的有德之人也没有必要问。”

楚庄王听后很羞愧，心想：看来我们楚国要真正强大，不能光靠武力呀。于是怀着满满的敬意，他向王孙满也向中原文明行了礼后，便率领大军撤退了。回到楚国后，楚庄王下令认真学习中原的先进文明，自己带头学习中原的雅言和《诗经》，过了一段时间后，楚国君臣就与中原各文明大国的人一样可以用《诗经》进行对外交流了。楚庄王还仿照中原国家的宫廷礼仪制度，设立了茅门之法，就是说大臣的车驾到了天子的宫廷大门茅门的时候，必须止步并保持肃静。有一次太子有急事闯了进来，守卫茅门的官员廷理立马按照规定砍断了太子的车上的横木，并把为太子驾车的随从法办。太子哪里受过这个委屈呀，就到楚王面前气冲冲告状。楚庄王说：“那个守卫大门的官员规矩执行得很好。没这规矩，我们就没文明和威严。”后来楚国大败北方的郑国和晋国，楚庄王下令优待俘虏，尤其是贵族俘虏，并妥善安葬敌方阵亡将士，一改过去羞辱俘虏和敌军遗体的野蛮做法。武力强大又尊重礼仪、向往文明的楚国受到了天下各国，包括原先瞧不起楚国的中原国家的普遍尊敬，楚庄王也成了名副其实的一代文明雄主！

4．居之无陋（交流与文明）

原文： 9.14 子欲居九夷。或曰：“陋，如之何？”子曰：“君子居之，何陋之有？”

译文： 孔子想去蛮荒未开化的九夷去居住。有人说：“那地方非常蛮荒简陋，如何好住？”孔子说：“文明君子去居住了，就不蛮荒简陋了。”

【解析】传播中华文明，倾听中国声音

中华文明是在一块被大海和高原隔离的广袤土地上，在占卜用的甲骨和青铜礼器上萌发的原生态文明。这种文明在早期就确立了一些主流形态，例如以人为本、家国同构、礼法秩序、集体尚群等。这些形态在后来的延续中亦没有重大改变。中华文明虽然主流脉络不变，但在延续过程中也注重吸收和借鉴其他民族的优秀文明成果。赵武灵王在与北方游牧民族交锋中，发现对手的紧致胡服更有利于骑兵机动作战，便下令改革，使得赵国一跃成为军事强国。汉使张骞出使西域，带来丰富的农产品，其中的西瓜、葡萄早已融入汉语词汇。杨贵妃表演的胡旋舞和朝堂上的西

域夜光酒器是大唐文化兼容并蓄的生动写照。在这样一次次的文明交融中，其他文明如同一条条支流汇入中华文明长河，每一次的注入都让中华文明更加博大精深，昂扬自信，可谓海纳百川，有容乃大。

中华文明主动借鉴了其他文明，又因为其先进性而成为其他文明学习的榜样。中国的士大夫以及相关阶层更是当仁不让地肩负起传播中华文明的重任。孔子想去九夷，有人劝他不要前往，因为那里过于蛮荒。孔子说："我去了，那里从此就不蛮荒了。"恺撒在高卢战场上说："我来了，我看见了，我胜利了。"这是一种对军事指挥的自信，而孔子传达的则是一种文化人的文明自信。这种文明自信深深激励了后来的文明传播者鉴真、郑和，他们带着陶瓷、丝绸、茶叶，以及儒家佛学典籍，将中华灿烂文化播撒到了世界各个角落。

【故事分享】鉴真东渡

唐代是我国封建时代的鼎盛时期之一，政治、经济、文化发展迎来了全面的繁荣。中国对外友好往来和文化交流空前频繁，从唐贞观年间一直至唐末期，日本陆续派到中国的遣唐使有13批之多。使团中有许多仰慕唐朝先进的政治制度和博大精深的文化的人此后就住在中国，成为留学生或留学僧。中国人也不断东渡日本进行文化交流。双方都不乏肩负文化使命、真诚友好之人，唐代高僧鉴真便是其中的杰出代表。

鉴真大师俗姓淳于，于唐武则天垂拱四年（公元688年）生于江苏扬州。他14岁时进扬州大云寺，从闻名天下的智满禅师处受戒。在禅师的指引下，鉴真的学业突飞猛进。在初步学有所成后，他又云游四方，通过与天下名师切磋来研习佛教经义。在唐玄宗开元元年（公元713年），鉴真回到故乡扬州的大明寺宣讲戒律，听他讲经和由他授戒的弟子达四万多人。这时，他已是学识渊博、威望很高的佛学大师了。在鉴真的宣讲中，大唐文化的厚重广博令日本留学僧荣睿和普照深深折服。讲座结束后，两位僧人恭敬参谒了鉴真，他们认真对鉴真说："我们国家地处偏远的海上，佛法虽然流传到我国，可是还没有传法授戒的高僧，僧人不能按照律仪受戒。这犹如漫漫长夜中在昏暗房间里摸索，急切需要一支明亮的蜡烛。大师这里有人愿意舍弃此处安定舒适的生活，成为我们那里的律宗导师吗？"鉴真见两位日本僧人仰慕大唐文化，态度真挚诚恳，就问在场的众多弟子："你们谁愿意前去传法？"鉴真话音落地，四周长时间处于沉寂。原来去往日本的路上风高浪险，九死一生，众僧侣望而却步。见到现场气氛陷入尴尬境地，两位日本僧侣也窘迫不安。鉴真环顾了一圈，见还是无人应答，就认真说道："为了弘法传道，何惜身命！大家如果都不愿意去，我就自己去。"弟子祥彦也表示愿意追随。鉴真发了东渡传播佛法的宏誓大愿，去意已定，从此，就开始了东渡日本的不懈努力。第一次东渡日本，鉴真和弟子祥彦等21人从扬州出发，因受到官厅干涉而失败。第二次东渡，他买了军船，采办了不少佛像、佛具、经书、药品、香料等，随行的弟子和技术人员达85人之多。可是船出长江口，就受风击破损，不得不返航修理。第三次东渡，使船航行到舟山海面又因触礁而告失败。唐天宝三年（公元744年），鉴真准备由福州出海，可是在前往温州途中被官厅追及，被强制遣返回扬州，第四次东渡也没有成功。

唐天宝七年（公元748年），鉴真第五次东渡，此行最为悲壮，他们从扬州出发，在舟山群岛停泊三个月后横渡东海时又遇到台风，在海上漂流了14天后，到了海南岛南端的崖县。在辗转返回扬州途中，一直跟随他的弟子祥彦和日本留学僧荣睿也相继去世。鉴真本人也因长途跋涉暑热染病和失去弟子的悲痛而双目失明。

唐天宝十二年（公元753年）十月十五日，在日本第10次遣唐使大使藤原清河、副使吉备真备归国前夕，已经仕唐多年、历任唐光禄大夫、御史中丞等职的日本留学生阿倍仲麻吕（汉名晁衡）等也准备回国，他们同到扬州延光寺参谒鉴真。藤原大使说："早就听说大师曾五次尝试东渡日本传教事迹，今日得见，万分荣幸。如果大师仍有此愿，我等有船四艘返日本，应用物品俱备，不知大师肯同行吗？"鉴真虽已66岁高龄，且双目失明，但为了传播佛法戒律，为了中日两国的友好往来及文化交流，欣然应允，开始了第六次东渡日本。十月二十九日晚，鉴真及弟子、工匠等24人在众僧侣的诵经祈福声中登船启程。他们出大运河入长江，直趋苏州黄泗浦入海口，与日本遣唐使官船会合。

鉴真等人历经六次东渡磨难考验，终于在当年十二月二十日中午顺利抵达日本九州秋屋浦（今鹿儿岛县）。次年二月四日，鉴真到达日本首都奈良，受到日本举国上下盛大的欢迎，皇族、贵族、僧侣都来拜见。四月初，东大寺设戒坛，由鉴真登坛主持，先后为太上皇圣武天皇、皇太后、皇子及400余位僧人授戒。自此以后，鉴真在东大寺授戒讲经，把律宗传至日本，成为日本律宗的始祖。天平胜宝八年（公元756年，唐天宝十五年），孝谦天皇任命鉴真为大僧都，统理日本僧佛事务。天平宝字三年（公元759年，唐乾元二年），鉴真率弟子仿扬州大明寺格局设计修建了唐招提寺，对日本建筑艺术产生了重要影响。鉴真虽然两眼看不见东西，但能凭口述校对经文，传播戒律，还可凭嗅觉辨别草药，为人治病。他留下一卷医书《鉴上人秘方》（现已失传），对日本医药学的发展做出了贡献。他带到日本的印刷品及书法碑帖对日本的印刷术和书法艺术发展也有很大影响。

天平宝字七年（公元763年，唐广德元年），德高望重的鉴真大师在日本唐招提寺内安然圆寂，享年76岁。长期追随鉴真的日本弟子忍基用中国的干漆夹苎法为其塑了一尊坐像。这尊坐像在寺内保留至今，是日本人民一直珍视的国宝，也是古代中国对外文明交流的生动见证。

和谐篇

1. 以礼节之（秩序与和谐）

原文： 1.12 有子曰："礼之用，和为贵。先王之道，斯为美；小大由之。有所不行，知和而和，不以礼节之，亦不可行也。"

译文： 有子说："礼节的作用，在于遇事做得和谐恰当。过去贤明的君主治理国家，宝贵的地方就在这里。他们大事小事都做得恰当。但是如果在行不通的地方也一味为了和谐而妥协，不用一定的规矩制度来加以节制，也是不可行的。"

【解析】宽严有度，方可和谐

中国人讲究和谐，对待争端喜欢说"忍一时风平浪静，退一步海阔天空"，但如果有人违反原则，触碰底线，破坏规矩，祸国殃民，我们对此类行为还一味追求形式和谐，那就是软弱、涣散。治国治吏，政失于宽。乾隆晚年疏于治吏，纵容和珅巨贪蜕变腐化，最终结束了一百多年的康乾盛世，清王朝也迎来末日夕阳。社会管理、组织运行不是物理学中无规律的布朗运动，也不是霍布斯所说的一切人反对一切人的无序混乱状态。我们星汉灿烂的宇宙运行也有自身的秩序。我们的组织治理，大到国家、社

会，小到家庭，必须宽严有度、井然有序，如天体运行般沿着各自的轨道方可达致和谐。

【故事分享】诸葛亮治蜀

赤壁大战之后，曹操、孙权、刘备三雄鼎立的格局开始形成。曹操退回了北方，努力经营中原，企图东山再起。孙权巩固江南半壁，积极谋求荆州。三雄中刘备最为弱小，暂时占据原来属于刘表的荆州，暗中等待机会。刘备认为，孙刘联军击溃了曹操，且现在刘表去世，自己和刘表是本家，荆州名正言顺应当继续归姓刘的。但孙权却认为，所谓孙刘联军共同抗曹只是名义上的，打败曹操的主力实际上是东吴，强者为王，荆州自然应姓孙。

长期这样与孙权争执，且没有属于自己的根据地总不是长远之计策。刘备不得不开辟新的地盘。按照诸葛亮早年的隆中对计划，刘备把目光投向了刘璋治下的益州。正好在这个时候，天遂人愿，益州的刘璋派法正等请刘备入蜀。法正是很有才干的人。他见刘璋软弱无能，在他手下干事没有出息，就想谋个出路，另找明主。刘备大喜过望，在诸葛亮的辅佐和法正的策应下，刘备于公元 214 年进入成都，赶走了懦弱的刘璋。刘备终于拥有了沃野千里的天府之国——益州。

治国必先立规，为了努力经营好这块来之不易的土地，刘备让法正和诸葛亮等重新制定律法《蜀科》。就在这个时候，两人因为法律的宽严问题发生了争执。法正认为蜀地益州在刘璋治理下一贯宽松，刘备既然为新主，当效法汉高祖约法三章的例子，让法令更加宽松，这样才上下和谐。诸葛亮认为刘璋因为多年过于宽松治蜀，蜀地不仅没有和谐，反而一副乱糟糟的样子，这才使他最终失去了蜀地。他在答复法正的信件中说道："您只知道秦汉之际的政令变宽松的片面表象，却不懂得全面分析问题。因为秦时法令过于严苛残暴，招致天下百姓的怨恨。所以后继者汉高祖刘邦刚得天下的时候改用比较宽松的法令。但是当今益州已历刘焉、刘璋两朝统治，他们只靠一些表面的文书、法令来维持天下，养成了相互吹捧的所谓和谐的陋习。这样做，实际上导致德政不施，威严不肃，从而使得益州豪强胡作非为，连基本的君臣之道都日渐废弛了！面对这样散乱危局，刘璋还继续通过给豪强加官晋爵的办法来促成所谓的和谐。可事实是，刘璋给的官位过高了，大家反而不觉得可贵，觉得官职低贱了。刘璋的恩惠给得过多了，他们反而不知好歹，不给恩惠就会怠慢。刘璋以往政策的弊端就在于没有法令规矩。现在我树立法令规矩的威严，严格执行法律，他们就会知道恩惠的宝贵；我严格限制官爵的封赏，他们就会知道官爵晋升的荣耀。这样恩威并用，上下便有了规矩。治国和谐的奥妙，就在这里了。"

法正看了诸葛亮鞭辟入里的来信，心里叹服。从此蜀国41州县守法尽忠的人即使是执法者的仇人也必然受到奖励，违法懈怠的人即使是执法者的亲人也必然会遭到处罚。再小的好事也没有不奖励的，再小的坏事也没有不处罚的。就这样，蜀地在诸葛亮的严明管理下，没有民怨四起，而是君民团结和谐，上下井然有序，蜀国也成为三足鼎立格局之中稳定的一方。

2. 和则安定（稳定与和谐）

原文： 16.1（孔子曰）盖均无贫，和无寡，安无倾。

译文：（孔子说）如果财富合理分配了，就无所谓贫穷；境内平安，便不会倾覆。

原文： 3.21 哀公问社于宰我。宰我对曰："夏后氏以松，殷人以柏，周人以栗，曰，使民战栗。"子闻之，曰："成事不说，遂事不谏，既往不咎。"

译文： 鲁哀公问宰我："祭祀的牌位用什么木头？"宰我回答："夏代用松木，商代用柏木，周代却用栗木，意在使人战栗。"孔子听了这番话，（责备宰我）说："已经做的事情不便再解释了，已经完成的事情不便再挽救了，已经过去的事情不便再追究了。"

【解析】利莫大于治，害莫大于乱

近年来，随着我国国力的不断提升，学界关于西方大国崛起的研究也日益兴起。回顾西方大国走过的路，我们有许多成功因素可以借鉴，比如科技专利保护、契约精神等。当然，还有西方国家的秩序建设经验。如同人的生长得先有生命，再有强健的骨骼，才可谈及血肉、肌肤、毛发一样，国家的发展也得先有稳定的秩序和维持这个秩序的能力，方可再谈经济发展、民主法制、文化建设。

西方中世纪的权力版图如同色彩斑斓的马赛克拼贴画，教会、国家、领主、城市，各方的利益诉求是多元错乱的，秩序也混乱不堪。但在法国执政的红衣主教黎塞留说：国家利益高于一切。而俾斯麦的铁血手腕，也让分裂的德国归于一统。日本则在明治维新之前的伏见鸟羽大战中削平了割据的大名藩镇。美国政治学家亨廷顿在名著《变革社会中的政治秩序》一书中提出有效秩序国家的概念：民主和谐是个好东西，但必须建立在稳定秩序上才可有效施行。西方社会本身的历史也是这样演进的。一些第三世界国家，内部纷争不断，宗教矛盾尚未解决，政权更迭，国家稳定能力都不具备，是不能奢谈发展与民主的。古人云："利莫大于治，害莫大于乱。"稳定的秩序是中国社会和谐进步的基础，稳定压倒一切。

【故事分享】曹操安定河北

三国时代是群雄并起、割据混战的年代，士兵们长期脱不下战衣，铠甲上生满了虮虱，百姓也因连年战乱而大批死亡，尸骨暴露于野地里，无人收埋。众多谋士良将渴望唯才是举、容才善用的明主，万千百姓渴望生产发展、安定和平的秩序。曹操做到了这两点，让大家看到了和谐统一的希望，于是万众归心，曹操也逐步在群雄混战中胜出。

官渡大战中，曹操奇袭了宿敌袁绍囤积粮草的乌巢，以少胜多，扭转了局面。曹操率军回师，乘胜扑向袁绍大营，基本消灭了袁绍的精锐主力部队。袁绍只率领亲军卫队800余人逃跑，此役曹操获得了全胜。曹军将士在战后清理战场时发现了袁绍撤退时因慌不择路而丢弃的大量珍贵金银珠宝和机密文书。曹操下令论功行赏，将这些金银珠宝分给劳苦功高的将士们。但这些文书却影响了曹军阵营的团结稳定，因为其中有不少曹营将士在官渡大战正酣、曹军处于危急时刻为了给自己留个后路而暗地里联络袁绍表达忠心的书信，甚至有向袁绍告密的书信。这一下可炸开了锅！知人知面不知心，这些人真可谓“身在曹营心在袁”！部分性急的将领愤而向曹操建议，核对所有告密文书，根据落款和笔迹一一核实对比，将暗中勾结袁绍的叛徒揪出来砍头。曹操眉头紧锁，思虑了一会，拿起一支火把，燃起一大堆篝火，火光将现场焦灼气氛推到了极点。部分心中有鬼的人更是惶恐万分，以为曹操要下令将自己用火烧死作为惩戒，心一下子提到了嗓子眼。但曹操凝视着全体将士，说道：“烧掉书信，一个字都不许看！”现场的将士们都被曹操的决定惊呆了。曹操说道：“当初我和袁绍未分胜负的时候，连我自己都难以自保，更何况底下的人。过去的事情，既往不咎，但以后要好好干！如果再犯，必定严惩不贷！”在篝火中，所有书信连同上面的机密被付之一炬。

全体将士高呼丞相英明，几个暗中投敌的人也被曹操的宽宏气度所折服，心里暗暗发誓要效忠他。整个曹军阵营散乱的人心在焚烧书信的烈火中俨然如一块钢铁被重新熔化、重新浇筑成为一面更坚固的盾牌，曹军阵营内部空前团结稳定。

稳定了内部阵营后，曹操乘胜追击。袁绍去世后，他的几个儿子为了争夺权力发生内部纷争，在大敌当前之时依然无法保持团结，被曹操一一分化击破。曹操兼并了袁绍在河北的四个州的势力范围，辽东和乌桓也表示归顺。曹操下令改革原先袁绍在河北推行的政策：其一，严禁豪强掠夺百姓耕种土地，政府给老百姓分配官牛，让百姓在生产上安定下来；其二，节约用度，河北当年先免除一年税赋，以后税收尽量减少，百姓只需上缴少量粮食和棉花，让他们在收入上安定下来；其三，设立政府学堂教育百姓，设立庙宇供百姓祭祀祖先，教化百姓，让百姓在精神上安定下来。曹操通过一系列团结内部和安定百姓的措施，基本稳定和统一了北方，奠定了曹魏政权长期和谐统一的基业。

3. 老少安怀（民生与和谐）

原文： 5.26 颜渊季路侍。子曰："盍各言尔志？"子路曰："愿车马衣轻裘与朋友共敝之而无憾。"颜渊曰："愿无伐善，无施劳。"子路曰："愿闻子之志。"子曰："老者安之，朋友信之，少者怀之。"

译文：（一天孔子端坐）颜渊、季路侍立站着。孔子说："为什么不说说你们各自的志向？"子路说："我愿意把我（华丽）的车马和衣服与朋友们一起分享，即使用坏了、穿破了也没什么遗憾。"颜渊说："我将不夸耀自己的长处，不宣扬自己的功劳。"子路说："我希望听听老师您的志向是什么。"孔子说："我的志向是让老者享有安逸，让朋友得到信任，让年轻人拥有关怀。"

原文： 11.26"点！尔何如？"鼓瑟希，铿尔，舍瑟而作，对曰："异乎三子者之撰。"子曰："何伤乎？亦各言其志也。"曰："莫春者，春服既成，冠者五六人，童子六七人，浴乎沂，风乎舞雩，咏而归。"夫子喟然叹曰："吾与点也！"

译文： 孔子问曾点："你的志向是什么？"曾点正在演奏琴瑟，音乐声渐稀，"铿"的一声结束，他把琴瑟放一边，站起来认真回答说：“老师，我的志向和三位说的不一样。”孔子说：“有什么关系呢？只是各自说志向罢了。”曾点说：“晚春时节，大家刚换上春衫，五六个成年君子，六七个少年，在沂水旁洗洗澡，在舞雩的礼乐台上吹吹风，大家一路唱着礼乐歌，幸福满意地回家。”孔子长叹一声说：“我赞同曾皙的想法呀！”

【解析】民生是最大普惠　大同是最高和谐

佛教主张慈悲为怀、关注苍生，儒家倡导天下为怀、经世济民，此二者都有利他的情怀。佛家有三个境界，分别是罗汉、菩萨和佛。子路、颜回和孔子关于利他如何惠及民生的志向谈话恰好也体现了三个层次，仔细玩味，境界高下可判。子路颇有豪侠之风，说他愿意把自己珍贵的车马、衣裘和要好的朋友分享，即使用坏了、穿破了也不心疼，颇如后世《水浒传》中仗义疏财的及时雨宋江，见兄弟落难就出手相助，兄弟之间友谊长青，和谐共处。子路分享物质，但仅局限于朋友之间，是一种狭隘的兄弟义气，且有私心搏名的功利想法在里面，高调张扬，如同佛教的罗汉，只求自己悟道，在利他与和谐的层次中处于最低。颜渊则是在帮助周边人的时候不夸耀自己的功劳，不搏名。颜渊将爱心拓展到了周边人群，让他人感受到情感关怀，却低调且不求私利。颜渊的利他与和谐的层次明显比子路要更高——低调内敛，让自己觉悟，让他人感受到和煦关怀，属于佛家第二层次即菩萨的境界。但孔子对两个弟子的论述只是聆听，尚未嘉许。子路比较直率，就问了孔子的志向，孔子说他的志向是惠及民生，愿普天下的老者得到安逸的生活，朋友讲求诚信，年少的人得到关怀。孔子的志向关乎信仰与和谐，关注人们的内心世界，将普惠范围拓展到天下苍生。孔子构建了一个民众俱受关怀的和谐大同社会，他的利他与和谐层次俨然是佛教中佛的高度。

民生建设与和谐社会建设密不可分，民生凋敝必然带来社会不安定因素的增加。孔门弟子的志向谈话也给我们的民生建设、和谐社会建设带来了有益启示。如果一群人长期居无定所，幼无所学，壮无所用，老无所依，必然将给社会带来失序的风险。我们首先应当让最广大的老百姓在养老、就业等民生领域具有满满的获得感，这样社会矛盾将不再激化。其次，在解决基本民生问题后，我们要在教育、医疗、住房等更高层次的需求上发力，让民众具有更强的幸福感，让社会矛盾成为小概率事件。最后，我们将达到自由人联合体的和谐大同社会，我们每个人都闪闪发亮，照耀彼此，春光融融，温暖彼此。这个阶段正如曾点描述的礼乐和谐图景一般。和谐将同阳光、空气和雨露一般成为生活的常态。

【故事分享】廉希宪治理荆南

公元 13 世纪初，长期逐水草而居的蒙古部族渐渐强盛起来。

他们在一代天骄、军事天才成吉思汗及其子孙的率领下开始了史无前例的征服战争。一时间，披坚执锐的蒙古骑兵北到大漠，南至大理，东望大海，西跨中亚，蒙古汗国的疆域版图越来越大。但长时间的金戈铁马驰骋纵横后，华夏大地也是生灵涂炭、民生凋敝，产生了文化断层。即位不久的元世祖忽必烈已经受到汉文化的深刻影响，他深知马上可得来天下，但不可马上治理天下，要实现偌大疆域的和谐久安，必须采取儒家的治理措施。一日，他正为荆南行省无法得到有效治理而忧心忡忡，有人向他推荐了大臣廉希宪，忽必烈不由眼前一亮，点头称许。于是忽必烈马上召见廉希宪，说："现在荆南刚刚纳入我朝版图，旧官员不感恩，众百姓不归服，我把千钧重担托付于你。"

廉希宪自幼熟读孟子，深得儒家仁政爱民思想的精髓，人送雅号"廉孟子"。在了解忽必烈的忧虑后，他慨然挑起重担，冒着酷暑即刻赴任，以求上为国分忧，下为民解困，促使天下和谐。

他从整肃官场入手，他一上任就清理了旧官吏队伍，革除官场陋习。按照惯例，新长官上任，各下属要带很多珍贵礼物参见新长官。但廉希宪一律不收，并严肃地对下属们说："朝廷信任大家，根据大家的德才授予官职，大家没有丢官，有的还升了职，对此不要感谢我，要感恩朝廷。你们送的礼物很贵重，如果是你们私人的，我收了就是不义；如果是国家的，我收了就是盗窃；如果是百姓的，就更是得担上害民之罪了。"众下属面露愧色，谢罪离去。

清理了官员队伍、树立了威信以后，廉希宪大刀阔斧地实施了一系列惠民利民的举措，首要的便是关于百姓人身安全的。廉希宪下令释放俘虏，严禁劫掠和杀害，违者以强盗和杀人罪严惩。对订立文书典卖妻子儿女的人，加重治罪，并没收其典卖所得的钱。在老百姓安全得到保障后，荆南人口逐渐多了起来。廉希宪见饥民众多，嗷嗷待哺，就立马调拨官府储备粮食以解民之忧。在初步安顿百姓之后，他又迅速组织人手疏浚了满是池水的护城河，在浇灌了万亩良田后，分给无地百姓耕种。看到荆南百姓恢复了安居乐业、温饱无忧的日子，廉希宪长舒一口气，接着，他让属下统计有才学的儒生名单，请他们整理图书。见下属不解，廉希宪解释说："谨庠序之教，申之以孝悌之义。"下属恍然大悟，原来廉大人还要教化百姓，更加心生敬意，全力配合廉希宪选择教官、购置图书、兴办教育。廉希宪的德政不仅让境内民生改善，实现和谐发展，甚至吸引了荆南周边的百姓归服。当地百姓上书给忽必烈说："陛下让廉大人到了荆南，不仅让当地民众受到恩惠，连草木也受到了恩惠。"

4. 和而不同（差异与和谐）

原文： 13.23 子曰：“君子和而不同，小人同而不和。”

译文： 孔子说：“君子和谐相处又各自保持个性差异，小人看似一致却不和谐。”

原文： 14.8 子曰：“为命，裨谌草创之，世叔讨论之，行人子羽修饰之，东里子产润色之。”

译文： 孔子说：“郑国外交辞令的创制（注重发挥不同人的专长），裨谌写出初稿，世叔提出修改意见，外交官子羽作出修改，最后子产再进行语言润色。”

【解析】美美与共，和而不同

1978 年在湖北随州出土的曾侯乙编钟，由 65 件青铜编钟组成，其音域跨 5 个半八度，12 个半音齐备，只比现代钢琴差一个音，这一完美交错的乐器组合也充分体现了古人对于差异与和谐之关系在音乐上的理解。指挥家自然知道世间有各种音律差异，一首完整的乐曲必然有低沉浑厚的低音，也必然有高亢嘹亮的高音。高低音铿锵交错才可演绎金声玉振的美妙音乐。厨师也自然知道各色菜肴有酸甜苦辣咸五种口味差异，酸梅汤、甜酒酿、陈皮鸭、水煮鱼、盐焗鸡各有风味。厨师妙手将五味调和得当，方使得原本单一寡淡的口感变得丰富有层次。我们生活在一个多元的世界里，有多元的文明和宗教风俗、多样的生态和地理风貌、多元的文化和民族风情。君子承认个体的差异，向往多元并存的美好，力求在差异中和谐共存。

金声玉振的编钟与调和五味的厨师共同展示的和而不同，是古人对于差异的尊重和促成和谐的智慧。在国家治理层面，古人的理念亦如此。郑国的外交辞令由如此众多人员经手而成：裨谌最了解基层的实际情况，所以他先写出初稿，世叔提出修改意见，外交官子羽进行再修改，总揽全局的大臣子产进行语言润色并最终成文。四人各有差异，也可以说各有所长，配合和谐严密，堪称完美。

我国有56个民族，民族情况复杂；地形多样，包括山地、平原、盆地、沙漠、高原，跨越亚寒带、温带、亚热带和热带。同时，我国经济发展程度在东部、中部、西部地区之间差异巨大。而且，我们又处于一个多元文明的星球上，儒家文明、伊斯兰文明、基督教文明和佛教文明等多元并存。追求和谐，就必须正视并尊重这些多元差异，各美其美、美人之美、美美与共，在国内四海和谐，在世界和而不同。

【故事分享】康熙力倡和而不同促和谐

康熙是清军定鼎中原后的第二个君主，他继承了祖先留给他的万里河山，也承担起了解决民族矛盾的重任。自努尔哈赤以“七大恨”告天，用民族文化对立名义起兵反抗明朝以来，满汉之间的矛盾日益加剧。多尔衮摄政以来，在广大汉族地区强力推行“剃发易服”政策，更是将原有的民族矛盾和文化冲突大大激化。西北边陲的蒙古族部落看到清军的胜利，也伺机蠢蠢欲动。如何实现满汉、满蒙之间和平共处，如何包容多元文化，使之和谐共生，是摆在康熙面前的一道难题。

汉族占据了中国人口的大多数，康熙深深知道夺取天下需要马上弓箭，治理天下则需要依靠汉族先进的文化制度，尤其是以和为贵的儒家文化。康熙自幼除了学习本民族的满语外，也学习了蒙古语和汉语，这为他将来与多元文化对话打下了坚实的基础。他熟读中国儒家传统经典，大凡经、史、子、集，他都下过一番功夫。他任用一批著名的饱学汉儒，如张英、李光地、熊赐履等进行御前儒学筵讲，还命他们编纂了《朱子大全》《性理精义》等理学著作。至于儒学先圣孔子，康熙更是推崇备至，在他即位的第二十三年，他在文武官员陪同下乘銮驾浩浩荡荡赶赴曲阜。孔子嫡系后裔衍圣公孔毓圻率全体族人全程陪同康熙祭祀孔子。负责祭祀的太常寺官员安排祭孔仪式为：皇上行一般的两跪六叩之礼，也不用礼乐。康熙不批准此安排，且恭谨地说：“尊祀先师，该用最高的三跪九叩礼，用隆重鼓乐。”祭祀的当天，康熙先到藏书楼奎文阁前，踏出象征帝王九五至尊地位的乘辇，并认真斋戒，表示对祭祀的虔诚。在稍作休息后，他端步进入大成门，走向大成殿，在庄严的鼓乐声中，向孔子塑像行最高的三跪九叩大礼。叩拜结束后，康熙又参观了杏坛、孔林等名胜，到孔子墓前又行礼，书写“万世师表”四个大字，留下御用的曲柄黄盖作为将来孔子祭祀用具。周围人对康熙的破格举动惊异不已，这是清代满族君王对汉族儒家文化传统的推重。康熙此举让原本如同坚冰一般的文化隔阂在祭祀的熏香礼乐中几近消除。

如果说满族文化与汉族农耕诗礼儒家文明的和谐相处需要祭祀文韬的话，那么与弯弓射雕的蒙古游牧文明的和谐相处则建立在围猎武略的威仪之上了。康熙几乎每年立秋之后都要到木兰围场进行一次为期二十天的围猎，既是为了显示武力，也是为了训练八旗子弟。康熙本人也是一个优秀的猎手，他在晚年这样回忆道：“朕自幼至今已用鸟枪弓矢获虎一百五十三只，熊十二只，豹二十五只，猞二十只，麋鹿十四只，狼九十六只，野猪一百三十三口，哨获之鹿已数百，其余围场内随便射获诸兽不胜记矣。朕于一日内射兔三百一十八只，若庸常人毕世亦不能及此一日之数也。”从今天野生动物保护角度说，康熙的大肆围猎确实不可取，但也体现了游牧民族勇悍尚武的一面。康熙三十三年（公元 1694 年），为了平定喀尔喀蒙古，震慑妄图分裂国土的噶尔丹，康熙率大量军队进驻多伦，主持化解蒙古族内部和满蒙之间矛盾的会盟仪式。在比较平和的编旗、赐宴、册封后，地动山摇的大阅兵仪式在第四天上演了。在大阅兵仪式上，康熙身着甲胄戎装，骑马绕场一圈，检阅各路大军，然后下马，亲自示范射箭武艺，十发九中。连精通骑射的蒙古王公也惊叹道："天子真是圣明神武啊！"正当蒙古贵族感叹时，号角声大作，满族官兵和古北口绿营兵呼啸前行，万马奔腾，声震山谷。随后手持鸟枪长铳、红衣火炮的汉军枪炮齐鸣，声震寰宇，似乎要将整个草原翻转过来。众蒙古王公惊恐失态，要求给康熙上尊号。康熙不许，反而下令将牛羊、财宝等赏赐众人。围猎会盟和儒家祭祀迥然不同，康熙恩威并用的方式化解了满族与汉族、蒙古族的文化矛盾，促成和谐。

康熙贯彻和而不同的理念，尊重多元文化，利用多种手段化解文化冲突，巩固发展了统一多元的文明共同体，为统一的多民族国家的形成奠定了坚实的基础。

自由篇

1. 克己复礼（自律与自由）

原文： 12.1 颜渊问仁。子曰："克己复礼为仁。一日克己复礼，天下归仁焉。为仁由己，而由人乎哉？"颜渊曰："请问其目。"子曰："非礼勿视，非礼勿听，非礼勿言，非礼勿动。"颜渊曰："回虽不敏，请事斯语矣。"

译文： 颜渊问："什么是仁德？"孔子说："约束自己，使得自己的言行合于礼，就是仁德。一旦这样做到了，天下都会称赞你是仁德之人。践行仁德，不靠自己，难道还靠其他人吗？"

颜渊说："请问（克己）具体的条目。"

孔子说："不合礼的事物不看，不合礼的话不听，不合礼的话不说，不合礼的事不做。"

颜渊说："我虽然愚钝，也愿意按照您说的去做。"

原文： 16.5 子曰："益者三乐，损者三乐。乐节礼乐，乐道人之善，乐多贤友，益矣。乐骄乐，乐佚游，乐晏乐，损矣。"

译文： 孔子说："有益的快乐有三种，有害的快乐有三种。得到礼乐节制的快乐，宣扬别人好处的快乐，结交有益的朋友的快乐，是有益的。骄纵放肆的快乐，游荡无度的快乐，暴饮荒淫的快乐，是有害的。”

原文： 15.2 在陈绝粮，从者病，莫能兴。子路愠见曰：“君子亦有穷乎？”子曰：“君子固穷，小人穷斯滥矣。”

译文：（孔子携弟子周游列国途中）在陈这个地方断绝了粮食，跟随的弟子都因为饥饿病倒了，没人可以爬起床。子路见到这样的窘况很不高兴地问：“君子也会穷困到这般地步吗？”孔子说：“君子即使穷困，也高度自律，小人一旦穷困就为所欲为，肆无忌惮。”

原文： 10.8 肉虽多，不使胜食气。惟酒无量，不及乱。

译文： 筵席上的肉虽然多，但吃它不超过主食。酒虽然不限制量，但不能喝到醉乱失去理智。

【解析】自律克己，游刃有余

中国古代君主在隆重的典礼上会佩戴一种叫“冕旒”的礼冠，其顶端有一块长形的板，叫“延”。延的前后檐垂有若干串珠玉，以彩线穿起来，在帝王脸庞前形成一道帘幕。这些易动的珍珠帘幕仿佛在时刻提醒君主要端庄稳重，不可轻浮造次。如同孔子所说，“临之以庄则敬”，君主必须在臣下面前保持庄严矜持，臣下才会对其敬重。君主为了获得权力、巩固地位，必须在日常生活中保持言行举止的高度自律。

在各行各业中，那些技艺达到精湛的境界、游刃有余的状态的顶尖高手，必然保持高度自律。京剧艺术家每天晨起练功，拳不离手，曲不离口，不吃生冷食物，保护嗓子，这样才可以在舞台上熠熠生辉。军队指挥人员，尤其是高级将领，必然要枪不离手，图不离墙，才可以在战场上称雄。绘画大师在林间山麓休憩时分，也不忘画上几笔素描速写，练练基本功。足球队员在生活中也必然会保持科学饮食，体能达标，方可自由驰骋在绿茵赛场。庄子笔下的神厨庖丁十几年都在折骨处小心翼翼，才可以在经络间自如切割。一味追求率性的自由，肆意妄为，必然是自废武功，四处碰壁。

【故事分享】许衡不吃无主之梨

许衡是宋元之际的大学者，他 7 岁入学堂读书，当老师开始教他和小同学们背《大学章句》的时候，他没有与其他同学一样摇头晃脑简单背书，而是问老师："老师，读书是为了什么？""当然是为了考取功名，荣华富贵，光宗耀祖。"老师面对这个小孩的幼稚问题不屑地回复道。"是吗？难道仅仅是为了这个吗？"许衡显然对这个回答不是很满意。"那你说说是为了什么？"老师有些不高兴地反问。"读书是为了明白做人道理。"许衡认真回复道，他眼睛闪闪发亮。老师大为惊讶。当大家都完成分内功课，其他小朋友在玩闹的时候，他依然非常自觉地继续读书，偶尔还要和老师探究书本的道理。时间长了，老师感觉没什么可以教这个孩子了，就对他的父母说："这个孩子聪明不凡，将来总有一天会远远超出他人，我不适合继续当他的老师了。”于是告辞离去，许衡的父母极力挽留也没能留住。像这样，许衡共换了三任老师。好学的许衡在老师当面教诲后，依然求知若渴，他听说有个算命先生有一本解释《书经》的书，就借来抄好，并严格按约定日期还给人家。

好学自律的许衡长大成人后，正逢天下战乱。在酷暑的一天，许衡和几个朋友一起沿着徂徕山麓在官道上逃难。烈日炙烤着大地，几个书生口干舌燥，看见路旁有一户人家的土房，房子主人早已逃亡去了。屋子后面有一株梨树。只见这梨树枝繁叶茂，投下一片树荫，几个硕大的黄梨挂在枝头。几个朋友兴奋欢呼，有的人爬树去摘，有的人拼命摇树。这棵树上的梨果香馥郁，口感酸甜适中，真是又解渴又耐饥啊！大家坐在树荫下大口啃着可口的梨，连呼好吃。唯独许衡端坐在树荫下，没有摘梨，只是用袖子擦汗。大家不解：“这是没有主的梨啊，干嘛不吃？”许衡认真地说：“这梨树无主，难道我们的心没有主吗？我们要做自己的心的主人。”大家听了沉默不语。

吃完梨后大家继续赶路，因为疲于奔命，错过了可以住宿的村庄。大家眼看红日西垂，暮色笼罩大地，不知该去哪里吃饭和休息。突然，前方林间冒出几缕炊烟，闪现出灯光，原来有一个大村庄在前方！大家不由高兴地加快了脚步穿越树林。只见两三百棵柳树围绕一个大土墙，村庄内牛羊满栏，鸡鸭遍地。庄主的大庭院居于村庄中心，庭院正门上“诗礼传家”的匾额高悬，庭院内草堂敞亮古朴，亭台错落有致。许衡几人说明来意后，庄主客气地把他们迎入府内。宾主施礼落座。庄主见几个书生风尘仆仆，便吩咐上茶备饭。几个朋友饥渴难耐，茶盏立刻喝干，杯盘顷刻狼藉。许衡向来遵守古训，再渴再饿，依然慢饮细嚼，不失君子仪表。庄主说："我本身也是读书人，且是魏晋王弼宗族后裔，因为战乱躲避山间，读书为乐，家藏宗亲王弼注解的《周易》善本。"许衡知道王弼是魏晋《易经》大家，大喜过望，请求看一下这本书，希望可以连夜抄录。朋友都劝他，战乱岁月何必苦读，且连日赶路，此时不如休息。许衡说："兰花在深谷中散发幽香自华，书生更要读书明道自强，乱世奔波，更要自律把功课补上，才可以在太平盛世施展才华。"庄主点头称赞，几个朋友羞愧不已。一连几个晚上，许衡废寝忘食，终于把王弼的《易经》注解抄完，带在身边。辞别了庄主后，这本珍贵的手抄本陪伴着自律好学的许衡，让他能在颠沛流离中思考广阔的星辰宇宙。在战乱过去后，元代建立，许衡凭借出众的天文算学才华被委以重任，与郭守敬等一起修订了《授时历》，这本历书将一年定为 365.24 天，几乎与现代历法一致。自律的许衡能够洞察宇宙规律，让思绪自由驰骋在广阔的天地之间。

2. 箪食之乐（简约与自由）

原文： 6.11 子曰：“贤哉，回也！一箪食，一瓢饮，在陋巷，人不堪其忧，回也不改其乐。贤哉，回也！”

译文： 孔子说：“颜回多么有修养呀！他吃的是一竹筐粗劣的饭菜，喝的是一瓢简单的凉水，住的是简陋的小巷，别人都忍受不了这种贫困的生活，但颜回乐呵呵地感到很快乐。颜回多么有修养呀！”

原文： 7.16 子曰：“饭疏食饮水，曲肱而枕之，乐亦在其中矣。不义而富且贵，于我如浮云。”

译文： 孔子说：“吃着粗劣的饭菜喝着凉水，胳膊弯曲当枕头，也有快乐在其中。不合乎道义得来的富贵，对我来说如同浮云。”

【解析】简约释心，不为利困

北宋初年，宋太祖赵匡胤平定四川，将后蜀皇宫里的器物全部运回汴京（今开封），他发现其中有一只镶满玛瑙翡翠的盆子，光彩夺目，不知是何用途。有知情的人告知太祖，这是蜀王的便溺器。宋太祖正色说道：“如果便溺之器也是这般打造，那其他物品该如何置办？如此哪有不亡国的道理？”于是他下令把此器物击碎。帝王的进取雄心尚可以被纷繁的奢侈品和物欲追求束缚住，普通人更容易在物质造就的温柔乡里沉溺，在物质编织的牢笼中被囚禁。偶然有了佳酿，我们就想着配以盛宴，置办盛宴又想配以豪宅，有了豪宅又想有仆从如云，仆从多了还想要管家管理。我们不断被自己心中的欲望一步步支配，说着言不由衷的话，做着违背本意的事。所谓的提前消费、所谓的标配物品，也是如此。作家梭罗的生活标配是一把斧头、一叶小舟，他走入缅因河流域的森林深处，自己伐木造房，打猎采摘，在此身心自由的环境下写就的《瓦尔登湖》，文字轻灵干净，收获粉丝无数。北欧兴起的极简生活方式也是梭罗生活的翻版，北欧人民认为生活只要有最简单的物品足矣，其他尽可“断舍离”。弘一大师言：“身在万物中，心在万物上。”我们把欲求简化到极致，负担变少了，身心的自由也会达到极致。

【故事分享】陈季常萧然自乐

宋代是一个经济发达、文化繁荣的时代，文官地位很高，国家给予他们的待遇非常优厚。陈季常是苏轼步入仕途后的第一个上司，是北宋名臣陈公弼的四公子，生活自然也很是富足。普通百姓日夜奔波只为吃穿住行，这对于陈季常来说都不是事儿。俗话说，“民以食为天”，说到吃，陈府的长条餐案上不仅陈列着山珍海味、奇珍异果，用餐时还有歌女吹奏助兴。关于穿，陈季常的绫罗绸缎一年四季穿不完，常年衣着鲜亮。这是因为陈家在河北有许多良田，一年就可以获得丝绸千匹。至于住，陈家在大城市洛阳有奢华的府邸，府邸中雕梁画栋的厅堂敞亮无比，一泓曲折的泉流穿越府邸花园，水边的太湖假山错落有致，富丽堂皇的样子和公侯家族也不相上下。最后是出行，陈季常经常骑一匹异常矫健的俊马，两个衣冠华丽的随从寸步不离，让围观的民众艳羡不已。

他年少时很是尚武，喝酒时喜欢舞剑，也经常带几支箭出行，射箭百发百中。好酒豪爽的个性使他与同样好酒狂放的青年苏轼成了好朋友。后来年纪大了些，他就安心静下来读书。宋代不重武备的政策和其他种种原因，使他最终无法一展抱负。事业上的失意让他闷闷不乐，长期无忧无虑的生活并不能让陈季常获得长久的快乐。苏轼调任其他地方后，陈季常也想换一种生活方式，一个想法在他脑海里不断闪现。

过了几年，苏轼因为得罪了权贵而被贬谪到湖北黄州（今黄冈市黄州区）当了个很小的官，心里郁闷的苏轼听当地人说黄州的山水不错，就出门去散散心。在一个风和日丽的日子，苏轼持着竹杖，脚穿草鞋，行走在白云缭绕的青山上。在途经岐亭的时候，天空突然下起一阵细雨，苏轼被困在了山间。不过有乡民修建的山间廊亭可供歇息，苏轼聆听雨声权当旅行小憩。观此山水佳境，苏轼不禁随口吟诵了几句早年的诗句，很是惬意。正在这个时候，一个衣着简朴、戴着方冠的人也来亭中避雨，听到苏轼的诗句，徐徐走来向苏轼施礼道：“敢问阁下是——”“呀，子瞻！”对，此人就是陈季常。他先认出了苏轼，见苏轼迟迟认不出自己来就索性自报名号，“我是陈季常啊！”“呀，是你，我们真可谓他乡遇故交了！”苏轼把这些年在官场坎坷沉浮的遭遇与老友一一倾诉，说起在黄州如同流放囚犯般饱受束缚的生活，苏轼更是苦闷。陈季常一改过去的冲动和多言，只是微笑着注视老友，偶尔插上几句话，更多则是安静倾听苏轼诉说压抑和苦闷。

等到苏轼说完，陈季常拉着老友的手说：“去我现在的家里看看，保证让你耳目一新。”苏轼看着恬淡愉悦的陈季常。他这样子仿佛逍遥自在的无忧飞仙。苏轼狐疑地跟着老友在山间小路行走，不断想着可能看到的奢华富丽。“到了，我现在的家。”陈季常的话音打断了苏轼的思绪。苏轼定睛一看，现在老友桌上只有自家收获的时蔬，他的家人穿着粗布麻衣，出行就靠两条腿，马早就不骑了。看到苏轼疑惑的神情，陈季常解释道：“虽然洛阳的家还在，但我并不感到自由和快乐。只有放下功名、消除物欲，过简约生活不被外物牵绊，我内心才是自由和愉快的。你不是一直被功名所牵绊，如同笼中一鸟吗？”苏轼点点头，若有所悟，这位年少时曾经一掷千金的朋友，在人过中年后选择简单生活，想必是要追寻纯粹的自由和快乐吧。

3. 君子不器（发展与自由）

原文： 2.12 子曰："君子不器。"

译文： 孔子说："优秀人才不只有一个方面的才能。"

【解析】顶尖人才，不拘一器

国人在争吵恼怒时分常会直指对方骂道："你是什么东西！"从而将对方由万物之长的人降格为物，怒意的确发泄得痛快淋漓。然而一向主张温良恭俭让的孔子说"君子不器"，将君子说成不是固定成形的东西，何解？

顶尖人物必定是通才，博通之人，不会如现在某些"专家"一样，陷入专业泥淖，视野狭隘。这些"专家"中有一部分人除了专业领域外，在其他领域往往有很多知识盲区，甚至连基本常识也缺乏。极端个案是中央电视台举办的青年歌手电视大奖赛，在舞台上仪态万方的歌手在文化常识问答环节错误百出，让人大跌眼镜。

古人在赞扬某人时会说"能文能武""出将入相"。三国时代的曹操"昼携壮士破坚阵，夜接词人赋华屋"，白天运筹帷幄，决胜千里；夜晚吟风弄月，风雅无比。隋朝开国元老杨素戎马一生，战功赫赫，诗文写得也不错。

在信息爆炸的当下，知识总量演变成为汪洋大海，我们不能苛求人才成为亚里士多德那样在每个领域均有建树的百科全书式的人物，但顶尖人才必然是既深耕于某一领域，又可以触类旁通、跨界自由发展之人。复旦大学安排不同专业学生混住同一寝室，让文科学生选理科课程，让理科学生选文史课程，就是让顶尖人才在培养通才的教育模式中成长的有益尝试。

君子不器，顶尖人才不固守、局限于某一特定领域。君子虽曰不器，实乃天下千变万化中融通发展的至器也！

【故事分享】古今完人王阳明

在中国广阔的历史天空中，杰出的人物星汉灿烂。这些璀璨群星中有的以立德立人而泽被后世，例如孔孟颜渊；有的以著书立说而开宗立派，例如老庄韩非；有的以建立军事功勋而永垂不朽，例如卫青、霍去病。在群星之中，还有一颗巨星，他集圣贤、学者、贤臣于一身，在立德、立言、立功三个领域自由发展、建树颇丰，他叫王阳明。

王阳明出生于浙江余姚一个世代书香的大家庭，在启蒙读书之初，天资聪颖的王阳明就向老师提出一个奇怪的问题："读书人的第一等事是什么？"老师回答："自然是为了考试获取功名。"王阳明对此答案并不认同，他回答道："第一等事为明理而成为圣贤。”周围人听闻后皆啧啧称奇。但实现成为圣贤的奇志必须系统回答这些问题：世界（或者说我们这个宇宙）的根本是什么？人性的本质是什么？回答了关于宇宙和人类的大问，等于掌握了终级智慧，可以为世人树立道德规范了。按照前辈大师朱熹的说法，世界的根本是道，这个道高高在上，又贯穿在天地万物之中，初学者无法直接感悟，只能先格物致知，就是通过身边的日常物件逐步去感悟，一点点去参透。例如数学的初学者先学 0 到 9 这几个数字，后学加减乘除，再学方程函数，这样循序渐进。王阳明为回答这些问题而不懈努力，他在家后院的竹园中一连七天苦苦参悟世间大道，但一无所获，最后身心疲惫，病倒在床。

失望之余，他只得流连于山水之间，逡巡于边关大漠之中，与道士、禅师交往，希望能参悟大道。一次，他遇见一位闭关三年静默苦思的和尚，他对和尚大喝一声：“你这和尚整天在说什么？在看什么？”和尚听到这声音，惊起开眼。王阳明问他一个问题：“你有家吗？”和尚说：“家里有老母在。”王阳明又问：“你想念你老母亲吗？”和尚流泪说：“哪里会不想？”王阳明点点头，亦有所悟：尊亲和孝爱是我们固有的天性啊。后来，王阳明因为得罪权贵被贬谪到边远蛮荒的贵州龙场。王阳明在一个山洞里日夜参悟，一天夜里，他回想起那和尚的话，回想起格物致知，一道灵光闪现。朱熹说：“因为有孝理才会有孝心，其他事物也一样，宇宙本原是高高在上的理。”王阳明却说：“见亲知道孝顺，是人原生态的良知本心。先有孝心，后有孝理。宇宙的本原，尤其是认知和改造的起始点是我们自己的内心。这个心是一粒神奇的种子，智慧、善良、仁爱会在这个种子上自然萌发，人就会很好地治国、安邦、平天下，探索广阔宇宙。”王阳明阐明了这个问题后，胸中畅快无比。沿着这个思路出发，他为世人的道德生活指明了方向——发现良知，让本心指引我们前行，进而成为圣贤。

在龙场顿悟之前，王阳明在故乡余姚讲学时就收了些门徒。在龙场悟道创立心学后，讲学如春风化雨的他日益受周边苗族同胞拥戴，四方有志之士也慕名而来。远在贵阳负责贵州教育的提督学政席元山亲自到龙场向王阳明求教，几番求索后高度称赞他道：“圣人之学，重见今日。”席元山隆重将他请到贵阳书院讲学。王阳明向弟子们阐述了“至善只求诸心”“知止而后定”等致知格物、致良知的心学体系。有一次，他的门人抓到一个小偷。小偷正好听说过阳明的良知说，便挑衅地问王阳明：“你一直说人人有良知，我的良知在哪里？”当时正是酷暑，王阳明便让小偷脱光上身的衣服，小偷照办了。王阳明说：“你把裤子也脱了吧。”久经江湖的小偷居然腼腆了起来，说：“这个不太好吧。”王阳明便朝他大喝：“这就是你的良知！”小偷羞愧低头称“先生”，后来亦改邪归正。王阳明的学说后来在朝野逐渐有了很大的影响力，王艮、钱德洪、罗洪先、徐爱等一大批学者，徐阶、张居正等一大批高官，都是阳明学派的信徒和后学。他一生的学术思想通过《传习录》而流传后世，泽被海外，阳明学说或者说心学，成为继程朱理学后的另外一大学说。

更可贵的是，王阳明不仅自己领悟道理，教化道理，而且将心学与实践结合，成为一名政治军事人才，践行了他一直倡导的知行合一。王阳明在主政江西赣南时，藩王宁王心怀异志，觊觎皇帝宝座，在领地大本营南昌起兵谋反。王阳明暂时无可用军队，只能先稳住宁王阵营。他看准了宁王上下人心不齐，借机散播宁王手下忠于朝廷的谣言。宁王只能滞留在南昌不敢轻举妄动。王阳明抓住机会，集结大量军队。宁王知道受骗后，重新出发攻击长江军事重镇安庆。王阳明知道南昌是宁王要害，就力排众议，不救安庆，反攻空虚的南昌。宁王果然仓促回军救援，在途中被王阳明拦截击溃。王阳明知行合一，巧妙地化解了一场危机，自己也因建立了巨大功绩而被封为新建伯，从而成为“立德、立言、立功”三不朽的典范。

4．心不逾矩（意志与自由）

原文： 2.4 子曰："吾十有五而志于学，三十而立，四十而不惑，五十而知天命，六十而耳顺，七十而从心所欲，不逾矩。"

译文： 孔子说："我十五岁的时候有志于学问，三十岁时做事情比较靠谱，四十岁时熟悉各项事务不至于被迷惑，五十岁时懂得天命，六十岁时对任何话都可以分辨真假，七十岁时则随心所欲但不会违反世俗规律。"

原文： 7.4 子之燕居，申申如也，夭夭如也。

译文： 孔子在家闲居，穿着比较整齐，内心和乐而舒展。

【解析】夫乘天地之正，必然走向自由

"生命诚可贵，爱情价更高。若为自由故，两者皆可抛。"匈牙利诗人裴多菲令人耳熟能详的经典诗句将自由放置到极致的高度。自由是人类始终孜孜以求的主题，孔子也画出了一张人不断学习规律，掌握规律，最后运用规律走向自由的年龄路线图。15岁的年纪叫作"有志于学"，即人开始学习各种规则和知识。古人15岁又称为"束发"，即将原来的垂髫总角解散，扎成发髻，也

象征着告别少年懵懂的岁月走向探索规律的生活。孔子说“三十而立”，指30岁的人存在于自然和社会间，已经基本掌握了一门专业知识或手艺，有了一个基本的职业发展路线。该学文的学文，笔墨风雅；该从武的从武，戍边疆场；该做工的做工，手艺精湛。俗话说，“人过三十不学艺”，也是这个道理。30岁的人也大体熟悉了各种基本的社会规则，懂得基本的人情世故，可以在社会和天地间立足。40岁是人的各方面心智更加成熟、对规律更加熟稔的阶段，孔子称这个年龄阶段为“不惑”，指人不会被各种假象所迷惑，也不会被各种谎言所诱惑。50岁的时候，人的格局更大，他将在自由天地的参照下反思规律，知道以自己的能力水平可以做什么，当然也知道不可以做什么。知道自己在天地中的位置以及自身的局限性是走向自由的必要阶段。在60岁的时候，人的内心更加笃定，不会轻易被他人的话所左右，也听得进任何话。《庄子·逍遥游》中所讲的高人宋荣子“举世而誉之而不加劝，举世而非之而不加沮”，一个人了解规律、内心从容后，即使所有人都夸奖他，他也不会变得更加努力，即使所有人都批评他，他也不会变得更加沮丧。到70、80岁，人该办的事情都办完了，该经历的事情也都经历了，认识了各种规律，也知道了自己的局限和短板，于是便可自如行走在天地间。如同《庄子·逍遥游》所畅想的，“乘天地之正，而御六气之辩，以游于无穷者”，掌握天地间的法则，把握六种气息规律的变化，最后畅游于无边的宇宙间。

马克思认为，人类对于规律的认识大致可以分为必然王国和自由王国两个阶段。在必然王国阶段，尚处于对规律的懵懂探索阶段，人不能完全认识和掌握规律，如同一个游泳初学者一样，不熟悉水性，只能在岸边胆怯地试水，无法畅游。在自由王国阶段，人熟悉和掌握了各种规律，可以如游泳健将一般自如遨游大江大河。人类不是随心所欲地走向自由，而是在掌控规律的前提下实现意志自由、心灵自由、发展自由。

【故事分享】庄子与《逍遥游》

经过春秋时代长时间的兼并战争，一些小国逐渐被并入数个比较大的国家。公元前 453 年，韩、魏、赵三家公卿瓜分了晋国的土地，强迫卑弱的周天子承认他们为诸侯，分别建立起三个强大的诸侯国。这样，中国进入了七个较大国家争霸的战国时代。这是一个争名夺利、争强好胜的时代。国与国争夺霸权，频繁发动战争，导致生灵涂炭。贵族们争夺权势，公卿们钩心斗角，互相倾轧，而士大夫则不倦游走四方，对名利孜孜以求。在这样一个人人都被功利束缚，甚至为之疯狂的时代，总有那么一些探索人的自由与幸福的守望者，思索人们该如何获得真正的幸福。庄子就是其中最杰出的代表。

庄子名周，大致生活在公元前 369 至前 286 年，与齐威王和楚庄王生活在同一时代，据说他与著名思想家惠施是好朋友。庄子的人生理想是追求绝对的思想自由和对现实社会的彻底超越。

庄子认为，要获得自由，首先必须舍弃俗世刻意的功利追求。有一次，他的老朋友惠施即将被大国魏国委以重任，担任国相的尊位。有人不怀好意地挑拨离间说：“庄子想来魏国首都挑大梁，取代你担任宰相职务。”惠施长期与庄子交往，自然知道庄子的才华远在自己之上，就派人发动地毯式搜查，寻找庄子。庄子听到了这个消息，自己主动跑到了故友面前说：“你知道南方有一种俊朗的大鸟，名字叫作鹓鶵。它从南海出发，张开巨大的翅膀飞向北海，它不见到高大的梧桐就不休息，不找到清爽的竹实（竹子的果实）就不吃，不遇见甘洌的泉水就不喝。这个时候，一只在地上啃食腐烂老鼠的猫头鹰见这只大鸟从头顶飞过，唯恐它要抢夺自己的腐肉，就发出怪叫吓唬它。你也想为了这相位像猫头鹰一样吓唬我吗？”庄子就是这样用巧妙的寓言向老友表明自己无意仕途，不想被名利束缚自由的志向。

庄子认为不刻意追逐名利只是通向自由意志的第一步，但远远不是终点。人要获得自由，就不能违背自然的本性和规律。想象力丰富的庄子讲了这样一个故事：“据说在大地的各个方位都有一个主宰的王。南方的王叫作倏，北海的王叫作忽，中央方位的王叫作混沌。混沌是个没有耳、鼻、咽喉、嘴巴的大圆球。倏与忽到中央之地做客，混沌热情地款待了两位远道而来的国君。倏与忽商量说：混沌对我们那么好，我们是不是该为他做些什么？他们突然想道：‘人都有七个孔，用来看景物，用来听声音，用来吃美食，用来呼吸。我们的朋友混沌却什么孔都没有，我们给他凿出来吧。’他们不由分说，按住混沌给他每天打一个孔，到了第七天，混沌终于也有了如人一样的七个孔，但他最终七窍流血而死去了。”庄子认为：人要活得自由，必须顺应自然规律，不可如忽和倏一样强行扭转自然规律，不然只能适得其反。

然而即使能做到心灵通达、顺应自然，人的生命毕竟有限，如何才可到达最终的自由呢？庄子认为：人必须站在更高的角度，将自己看成天地间的一个成员。庄子在家中午睡，恍惚之间，突然做了一个梦，梦见自己变成了一只蝴蝶。醒来之后，庄子苦思，突然有了灵感：蝴蝶和人原本就是在天地间共存，在巨大的格局和规则下存在着，如果我们将自己视为这个广袤苍穹的一部分，顺应这个规律，那我们将与这个宇宙一起永世长存且达致绝对自由。这就是到了庄子所谓的“逍遥游”中的至高境界：“至人无己，神人无功，圣人无名。”

平等篇

1. 只患不均（分配与平等）

原文：16.1“丘也闻有国有家者，不患寡而患不均，不患贫而患不安。”

译文：“我听说，无论是诸侯还是公卿大夫，都不担心财富少却担心分配不合理，不担心人口太少却担心国内不安定。”

原文：6.5 原思为之宰，与之粟九百，辞。子曰：“毋！以与尔邻里乡党乎！”

译文：原思担任孔子家的主管，孔子给他小米九百斗的薪水，原思认为薪水太高了，不肯接受。孔子劝他说：“不要推辞，你如果有多的，可以接济你家乡生活上有困难的父老乡亲。”

原文：6.4 子华使于齐，冉子为其母请粟。子曰：“与之釜。”请益。曰：“与之庾。”冉子与之粟五秉。子曰：“赤之适齐也，乘肥马，衣轻裘。吾闻之也：君子周急不继富。”

译文：公西华被国君派往齐国（一时地位显赫，风光无比），冉求立刻替公西华母亲请求补助一些小米。孔子说：“给六斗四升。”冉求（嫌太少）向孔子请求再多一些。孔子回复说：“再多给二斗四升。”可是冉求给了八十石（约八百斗）。孔

子（不满意地）说："公西华到齐国去，乘坐健壮肥马拉的车，穿着华丽的轻暖皮袍。我听说：君子只是雪中送炭，而不去锦上添花。"

【解析】公平分配收入，缩小贫富差距

1978 年我国 GDP 是 3645 亿元，80% 以上的中国人生活在农村。经过多年的快速发展，2018 年我国 GDP 超过了 90 万亿元。历经 40 年的高歌奋进，中国创造了举世瞩目的经济奇迹，成为世界上经济总量第二大的经济体。但随之而来的是贫富差距加大问题，这个差距在地区之间、行业之间、个体之间均有呈现。广东是改革的排头兵，经济总量稳居全国第一（相当于韩国的经济总量），但就是在这样一个非常富庶的地区，省内不同地区之间的差异也是比较大的。1992 年广东省最发达的珠三角地区面积只有全省的 30%，经济总量却占全省的 80%，而粤东西平原和粤北山区虽然面积占广东全省的 70%，经济总量却只占全省的 20%。时任广东省委书记谢非对来视察的邓小平同志说：广东省内是三个世界，第一世界是珠三角，第二世界是粤东西平原，第三世界是粤北山区。广东尚且如此，全国各地区之间的差距就更大了。而个体之间，差距则更是悬殊，部分在《财富》杂志上榜的企业家所谓的"小目标"可能是一介平民终其一生也无法企及的财富目标。马克·吐温的名著《百万英镑》讲了这样一个奇遇：一文不

名、衣着寒酸的流浪者亨利·亚当斯突然被两个富可敌国的绅士看中，被推荐参加一个生存游戏，即给他一张100万英镑的巨额现金，来观察他的生存状态。结局是，此流浪汉怀揣的百万英镑在一系列吃穿消耗后不仅没有减少，反而通过投资增值不少。故事情节虽然虚构离奇，但多少折射了现实财富世界中的马太效应，即富足的人有机会得到更多，贫寒的人原本有的也被剥夺，这就导致了贫富差距的悬殊。冉求的赠与也体现了这一点，公西华受到国君恩遇，担任外交使节，已经锦衣玉食，冉求看中了他已有的巨大资源，想做社交投资，所以继续给他锦上添花。

对中国道路创造的奇迹的总结有许多条，但有一个因素不容忽视，那就是中国形成了一个具有强大资源动员分配能力、现代国家治理能力、不被利益集团左右的价值中立的政府。这三者密不可分，只有强大的政府，才可以动员巨大的资源，才可以不被分利集团左右，实现资源分配的价值中立，最后带领国家实现现代化。我们的整体发展已达到了中等收入国家水平。二战后许多国家达到中等收入国家水平后却止步不前，这些国家大多生产结构单一，多为农牧业和采掘业，财富和权力高度集中在极少数家族或个人手里。这些长期在中等收入水平止步不前的国家的处境被称为“中等收入国家陷阱”，又因为这些国家大多居于拉美，所以又被称为“拉美国家陷阱”。我们要避免陷入中等收入国家陷阱，当然需要以多种政策导引，例如发展强大的制造业，鼓励前沿创新等，其中公平分配是不容忽视的一个方面。公平分配

不是绝对平等的分配，有着突出成就的科技工作者、杰出工匠拥有高收入，大家无可非议。在重视工匠技能的德国，首席技师和专家的待遇超过总经理也是司空见惯的。在公平的基础上，我们要打击非法收入，对不是合规合法创造的财富、对偷税漏税的人，必须依法没收和惩治。我们要限制过高收入，收入有差异是正常的，但过高收入，尤其是行业壁垒造成的过高收入必须得到限制。我们要扩大中产阶层收入，形成巨富和底层人很少、大多数人为中产的橄榄型社会结构，这样的结构最有利于社会持续发展和稳定。至于底层困难群体，一定要解决他们的衣食住行及教育、医疗、就业等民生保障问题，一定要做好托底保障工作，全面小康不能有一个成员掉队。有着强大资源集中能力的价值中立政府，一定可以在收入的公平分配上有所作为，实现中国经济发展更大的奇迹!

【故事分享】子发母训

战国时代，各国为了取得争霸战争胜利，都积极选拔德才兼备的人来统帅军队，楚国的子发就是这样一位将领。

子发的家是一座竹木结构的干栏式建筑，这似乎是一户再普通不过的楚国人家，但其内部用桂木架起的屋梁，用木兰雕刻的椽子，用辛夷横亘的门楣，用白芷装饰的卧房却显示其作为楚国大将的府邸还是与众不同的。这天，府邸中一位端庄朴素的妇人正在辛勤纺纱，口里喃喃自语，似乎在思虑着什么。她正是子发的母亲，子发这次前去征讨秦国，多日没有音讯。她不由忧虑前线战况，以及子发和前线将士们的安危冷暖。正当老夫人在凝神之时，婢女兴高采烈地跑来禀告：“老夫人，这是子发将军的信使，代表将军来看老夫人。”子发母亲命婢女置办一桌酒饭款待信使。家乡可口的饭菜诱惑着饥肠辘辘的信使，他立刻狼吞虎咽起来。酒足饭饱后，信使又将剩菜剩饭装进包裹。看着诧异的将军母亲，信使腼腆解释道：“这次征战很顺利，我军快要胜利了，就是粮食供应不足，大家在前方吃的是量少又粗劣的豆子。”子发母亲听后消除了疑虑，但又关切地询问道：“你们大将军吃得如何？也和大家一样吃豆子吗？”信使回禀道：“大将军每天吃得不错，从早到晚每顿都有足量的米饭，而且有鱼有肉佐餐。”子发母亲听了之后就让婢女拿出家中酒菜，让信使能拿多少就拿多少，不过有言在先，只给普通的军士们，不给军中的将领，尤其是自己的儿子——大将军子发。信使感恩戴德又满腹狐疑地返回前线了。子发母亲却忧虑地叹息道：“这是我儿子吗？他这样能带好兵吗？”

过了几天，子发将军凯旋，在朝见楚王后，带着丰厚的赏赐来看望母亲。全府上下接到这个消息后都喜气洋洋，但子发母亲却铁青着脸。在众人诧异的目光中，她站在大门口命人紧闭大门，不许儿子回家。子发见朝思暮想的老母亲给自己吃了闭门羹，便一头雾水地叫道：“母亲，开门啊！”子发母亲冷淡又严肃地回应：“你是谁？谁是你母亲？”子发焦虑地说：“多日不见，难

道母亲认不出儿子了？”“我所熟悉的子发不是这样的人，我的儿子会分享他的所得，与浴血奋战的普通士兵同甘共苦。他不会让自己的士兵吃豆子，自己安然享受筵席。”子发脸上红一阵白一阵，羞愧地说道：“母亲，儿子错了。”子发母亲见儿子认错，便继续语重心长地说道：“过去越王勾践攻打吴国的时候，有人献上一坛美酒，勾践派人倒在江的上游，让士兵到下游同饮洒过酒的江水，其实这么一来，江水中早就没有多少酒的美味了，但士兵作战的勇气因此而增加了五倍。又有一天，有人送来一袋好吃的，越王勾践又下令赐给在场的军士们分了吃。其实这么多人，每人可以分到的只有一点点食物，过了咽喉就没有了，但士兵作战的勇气却因此而增加了十倍。现在，你身为将军，士兵们吃豆粒充饥，唯独你早晚吃着好菜好饭、有鱼有肉，这是为什么？你指挥士兵进入生死相争的战场，而自己却高高在上地享乐，即使能够取胜，也不能长久，这不是正道。”

子发在门外拱了拱手，认真说道：“我知道如何做了。”子发没有回家，而是将楚王的赏赐分给了军士们。在这之后，母亲高兴地给子发做了几个他打小喜欢的菜肴，母子快乐团聚了。子发与将士们均享所得，同担苦难，更是赢得了将士们的拥戴。楚军的战斗力在子发的统领下变得更强了。

2. 有教无类（发展与平等）

原文：15.39 子曰：“有教无类。”

译文：孔子说：“施行教育不应当有（贫富、年龄、地区、人种、性别等的）差异。”

原文：5.28 子曰：“十室之邑，必有忠信如丘者焉，不如丘之好学也。”

译文：孔子说：“哪怕是只有十户人家的小村落，也必然有像我一样忠心又讲诚信的人，只是赶不上我这样好学罢了。”

原文：6.6 子谓仲弓，曰：“犁牛之子骍且角，虽欲勿用，山川其舍诸？”

译文：（孔子弟子仲弓出身贫寒）孔子对仲弓说：“（出生于）耕地的小牛已经长出了赤色的毛和整齐的角，虽然人们嫌弃它，不想用它祭祀，但山神难道会（因为出身）嫌弃它吗？”

【解析】公平发展，教育为先

“世胄蹑高位，英俊沉下僚。”“冯公岂不伟，白首不见招。”这是西晋诗人左思对于当时门阀士族牢牢把持高位、寒门子弟永在下层无上升通道的真实写照。孟子说:“生于忧患,死于安乐。”这些统治精英仅仅凭借血统就安居高位,在安逸闲散的生活节奏中,在物质财富的侈靡享乐中走向腐朽。后世明代的王公宗室、清代的八旗子弟,国家的优厚待遇让其“不劳而禄,不功而爵”,严重扼杀了他们的进取心,社会也因此停滞不前。个人发展的不公,导致社会流动的停滞,这必然使得整个国家失去进取精神、失去活力,最终在时代变局中被淘汰出局。

1977 年恢复高考恰如一阵春雷,让林场职工、下乡知青、车间工人、复转军人一起站到了公平竞争的竞技场上,一展身手。这次高考规模空前,1000 多万名考生中尽管只有几十万人被录取,但他们依然欢呼雀跃,奔走相告:春天来了。一个充满朝气的社会必然具有流动性,让机遇的阳光公平洒在每个人的脸上。虽然个体之间能力、天分差异巨大,每个人获得的最终结果差异较大,但向上发展的规则是公平的。要实现发展的公平,首先要关注教育的均衡发展。坚持有教无类,我们应当做好顶层设计,确保各类考试尤其是中高考等国家大考公平公正。坚持有教无类,我们应当争取在发达地区将义务教育延伸到高中阶段,免除更多的费用,让贫困不再成为寒门子弟接受教育的阻碍。坚持有教无类,我们应当在教育的硬件设施和软件配备上努力平衡地区之间和城乡之间的差距。坚持有教无类,我们应当充分发挥图书馆、博物馆等文化机构的公益作用。阿根廷文学巨匠、老图书馆人博尔赫斯说:“如果真有天堂,应该是图书馆的样子。”2014

年冬，杭州图书馆对所有读者免费开放，包括流浪拾荒者，唯一要求是手洗干净再阅读。有人为此找到褚树青馆长表达不满，褚馆长说:“我无权拒绝他们入内读书，但你有权选择离开。”无数网友为馆长“阅读无类”的温暖举动点赞。

【故事分享】韦应物改过读书

韦应物是中唐诗人，他是京兆人。在年轻的时候，他以三卫郎的身份担任唐玄宗的近侍，出入宫廷，扈从陪同，很受玄宗皇帝的宠信。由于这个特殊的身份，他年轻的时候过着蛮横放纵的生活，白天把持聚敛钱财的赌局，晚上调戏街坊的漂亮姑娘。出门在外，他横行霸道，鱼肉乡里，街坊邻里敢怒不敢言。在家中时，他借助特殊身份藏匿流亡作恶的逃犯。主管京城治安追捕逃犯的司隶知道后一路追踪他，但他狡猾地利用特殊身份逃进了宫廷里。尽责的司隶只得站在宫廷白玉墀边无奈叹息。这样放浪不羁的生活过了一年又一年，二十多岁的韦应物依然没认识几个字，更不用说写诗了。

然而“安史之乱”的烽火让大唐褪去了盛世的光环，也结束了韦应物的逍遥日子。唐玄宗去世后，他失去了靠山，自己又没什么本事，于是饱受欺负。这巨大变故使他认识到，自己过去蹉跎光阴的所谓豪迈生活有多么荒唐。他痛改前非，折节读书，开始追求学问。虽然起步比较晚，但他决心很大，几年下来，他成了富有学问的士子、人品端正的仁者，以及勤政爱民的好官。

他仰慕平定“安史之乱”的忠臣张巡，便这样歌颂张巡：“甘从锋刃毙，莫夺坚贞志。”他也效仿张巡为官清正，在担任洛阳丞的时候不畏强暴，惩治不法军士。他还谴责贵族的骄奢淫逸、放肆享乐行为：“长安贵豪家，妖艳不可数。裁此百日功，唯将一朝舞。舞罢复裁新，岂思劳者苦。”后来他在外担任滁州刺史、江州刺史等地方官，以勤政和爱民而扬名。在繁忙的农耕季节，他看到劳动者的辛勤劳作，便写了这样的诗句：“田家几日闲，耕种从此起。丁壮俱在野，场圃亦就理。”（种田人家一年能有几天空闲，田中劳作从惊蛰便开始忙碌起来。年轻力壮的都去田野耕地，场院又改成菜地整理出来了）他在中年时期写的很多诗歌从不同角度反映了百姓的疾苦。他是少数有良知的官员，为自己享有优厚的俸禄却不能给百姓更多福利而自责内疚：“方惭不耕者，禄食出闾里。”（看到农民这样，我这不耕者深感惭愧，我所得的俸禄可都出自这些种田百姓）

韦应物晚年生活朴素高洁，房子不求高大富丽但必定焚香清扫。他晚年的诗词多记叙山水田园，包括他的名篇《滁州西涧》：“独怜幽草涧边生，上有黄鹂深树鸣。春潮带雨晚来急，野渡无人舟自横。”这株卓然特立的幽草又何尝不是韦应物改过后清高人格的写照？二十多岁才从浪子生涯改过读书的韦应物历经盛唐和中唐，是承上启下的重要诗人，他的诗歌，特别是山水田园之作，上承陶渊明，下启中唐柳宗元、白居易，甚至对晚唐李贺都有影响。

3. 相师之道（济困与平等）

原文：15. 42 师冕见，及阶，子曰："阶也。"及席，子曰："席也。"皆坐，子告之曰："某在斯，某在斯。"师冕出。子张问曰："与师言之道与？"子曰："然。固相师之道也。"

译文：盲人乐师冕来见孔子。走到台阶沿，孔子道："这是阶沿。"走到坐席旁，孔子道："这是坐席。"都坐定了，孔子告诉他说："某人在这里，某人在那里。"冕告辞出来。子张问道："这是和盲人讲话的方式吗？"孔子道："对，这本来就是帮助盲人乐师的方式。"

原文：9.10 子见齐衰者、冕衣裳者与瞽者，见之，虽少，必作；过之，必趋。

译文：孔子遇见穿丧服的人、贵族和盲人时，即使他们年轻，他也一定要站起来；从他们面前经过时，他一定要快步走过。

【解析】关注特殊群体，赋予平等权益

中国素来具有悲悯仁爱和扶危济困的优良传统，墨子在《兼爱》中就倡导"天下之人皆相爱，强不执弱，众不劫寡，富不侮

贫，贵不傲贱，诈不欺愚”（天下的人要互相关爱，强大者不去压制弱小者，人多者不控制人少者，富足者不欺辱贫困者，地位高者不轻慢地位低者，聪明者不欺骗愚鲁者）。残疾人更是我们这个大家庭中有较大困难、需要更多关爱的群体。他们主要的困难在家是生活自理，在外是出行和与人交流，孔子帮助盲人乐师冕也是旨在解决残障人士的出行和交流问题。

我们是一个有着14亿人口的大国，各类贫困和残障人士等特殊群体数量亦有不少，据不完全统计，残疾儿童及持证残疾人便有上千万。我国的扶贫事业有了巨大进步，但贫困人口依然高达千万之数。一人落难便不是完整天堂，一人贫困便不是全面小康。关爱残疾人，扶助贫困者，就要尽可能赋予他们更多平等的权益。我们要推广无障碍优先出行通道，例如各种无障碍坡道和盲道，在公交地铁留出专用位置和通道，让他们的出行与常人一样自由方便；要推广视听图书馆和开发各种特殊型号的手机、电脑，鼓励出版各类盲文读物，推广简易的手语培训，让他们的交流与常人一样畅通。所以，当下关注残障人士和贫困人口，更重要的是让他们可以平等享有教育和就业的权益。对于残障人士，可因人而异，发展各类特殊教育，安排特殊岗位。（比如，古人乐师多用盲人，因为盲人具有比常人更敏锐的听觉，能在音乐的世界中有尊严地、平等地融入这个社会。）至于贫困地区，可因地制宜地发展具有自身优势的造血产业，发现致富机会。如此这般，这些特殊人群可以昂首挺胸地、有尊严地、平等地融入华夏大家庭。

【故事分享】落难书生，自尊丐侠

清代有个叫来懋斋的穷书生，虽然家庭条件不好，但为人慷慨大气，不拘小节。他乡试中举后，想乘胜追击进京考取进士，无奈囊中羞涩，连路费也凑不齐。来懋斋思来想去，想了个办法。他往亲朋好友家跑了一趟，广发请帖邀请大家去吃酒席。这酒席在当时是有讲究的，叫作“立会”。那时人一旦遇事资金周转不开，就办这样一个聚会，立下字据，筹措资金。收到请帖的人自然知道这不是白喝的酒，心里不由嘀咕：“你能还得出吗？”来懋斋奔走了几天，将认识的亲友转了个遍，只有七个人勉强答应前来。七个肯来也不错，来懋斋大喜过望，在请客的当天，他起了个大早，打扫了庭院，精心准备了美酒和佳肴恭候那七个亲友，谁知从旭日东升直等到红日西沉，竟然还是没瞧见一个亲友的人影儿。

此情此景让原本就苦等一天饥肠辘辘的来懋斋悲愤无比，看到门口一大群消息灵通、早就坐等残羹冷炙的乞丐，他眉毛一动，豪情万丈地对乞丐们说：“各位兄弟，我今天设宴是因为赶考要筹措路费，一解燃眉之急。无奈世态炎凉，人心莫测，几位亲友见我家穷，出尔反尔，食言负约。与其酒菜腐坏，不如我们一起喝酒吃菜，也是你我之间的缘分。”

乞丐们推辞了半天，见来懋斋确实诚意邀请，就欢欢喜喜地进屋去，美美地饱餐了一顿。酒足饭饱后，乞丐团头打着饱嗝说：“先生，我们虽然可以吃饱肚子。但在社会上还是被人看不起的底层人，今天承蒙先生看得起我们，堂堂正正请我们吃饭，把我们看作堂堂正正的客人。哥几个虽然没读过书，但道理还是懂的，您去考试要多少钱，您说个数，我们沿途乞讨供您考试去。”于是一到人烟阜盛的码头集市，乞丐就分头乞讨，供来懋斋住店吃喝。旅店主人一开始见大群乞丐簇拥一个穷书生大为惊讶，但等问清缘由后也啧啧称赞，慷慨解囊赞助路费。

就这样，他们一路到了京师，上天有眼，来懋斋时来运转，高中进士。乞丐朋友催促他衣锦还乡。刚一到家，那些所谓的至交好友，甚至只是点头之交的人都来祝贺，他家连门槛都快被踏破了。饱经世态炎凉的来懋斋对此情景只是淡然处之。过了几天，朝廷通知他上任。在故交飞黄腾达的时分，他的乞丐朋友们却说:“先生你只管当官，与我们不要明着来往，稳当。我们在您当官的地方继续行乞，靠自己吃饭，安心。”

来懋斋想了想，同意了乞丐们的要求。他到了上任的地方后，乞丐们白天乞讨，夜深人静时分派一人悄悄到府衙问安。乞丐们一边谋生，一边把街巷人情摸个门清，替来懋斋破了许多大案，却不来领赏。后来，来懋斋辞官隐退前想给乞丐朋友们谋个好行当，乞丐们听说后却不辞而别，从此杳无音讯。来懋斋每每想起这些在他困顿逆境中给他帮助、保他尊严，在他春风得意时又自尊自强的特殊朋友们，都会不由感慨落泪。

4. 弋不射宿（众生与平等）

原文：7.27 子钓而不纲，弋不射宿。

译文：孔子（爱护生灵）钓鱼不会用大网一网打尽，打猎射箭只用带丝的箭头射飞鸟，而不会射杀已经休息的鸟禽。

【解析】体恤万物，天人合一

人们对于近代英国发生的机器替代人力的工业革命耳熟能详。其实在工业革命之前的古代，还有一场农业革命，使得人类从最原始的茹毛饮血、渔猎采集生活走向了比较文明的秋收冬藏的农耕生活，但渔猎时代狩猎的遗风在春秋时代尚存，其集中体现在六艺（礼、乐、射、御、书、数）中的射上。射就是射箭，既是贵族社交的手段，又是军事斗争的准备。

所谓“弋”，就是带绳子的箭，“宿”就是已经回家的鸟。虐杀已经回家的鸟，是作为自然界强者的人类肆无忌惮且无仁爱之心的表现。孔子不是素食主义者，但他主张对于动物只可适当猎取，切不可虐杀。不虐杀体现了儒家的仁爱之心。孔子主张敬畏上天，有天人合一的宏大理念，他把人类看作苍穹宇宙中与其他物种平等并存的一员。他反对过度利用人类的领先优势，对自然资源进行竭泽而渔式的掠夺性开发。“钓”就是用鱼钩加鱼线获取食物，“纲”就是用大网“一锅端”。钓则表明体恤爱物，用大网则是攫取殆尽。后世孟子谈及仁政时也说到了体恤万物的思想：“数罟不入洿池，鱼鳖不可胜食也；斧斤以时入山林，材木不可胜用也。”（不要用细密的渔网捕鱼，这样鱼鳖就会多得吃不完；砍伐树木也要按照一定的时节，这样木材也会多得用不完）在东北渔猎地区，老猎人、鱼把头口口相传的所谓“猎杀不绝，网开一面”也是同一理念的质朴表达。时至今日，中国的经济总量已经跃居世界第二，但发展的背后，物种的濒临灭绝、资源的过量开发也会让发展付出巨大代价。现在国家提出“两山”理念——“绿山青山就是金山银山”，这也是我们在发展之后的重新定位。“两山”理念是为了利在当代，也是为了造福后世千秋。“两山”理念是对其他生灵的体恤，体现了人类作为自然界之一员的谦逊和对生命的敬畏。

【故事分享】桓温责罚虐猴军士

桓温是东晋的大将，为东晋王朝西征北伐，立下很大的功劳。他虽然身居高位，但依然平等善待弱小，心存仁爱。有一次，他率领大军沿着长江向西讨伐蜀地成汉政权，在一次战斗中，一个士兵杀敌异常勇敢，战斗也大获全胜。桓温很是高兴，就当场提拔他当了军官，奖励完毕后便带领大军继续乘着战舰向西进军。

战舰途径三峡，由于逆流险滩，将士们不得不下船来用纤绳拉着战舰前进。巫峡两岸山峦连绵不绝，奇珍异兽在林间不断闪现。树梢上众多可爱的猿猴在军士们身旁跳来跳去，很是惹人喜欢。不少将士们拿出自己的干粮来喂猴子。一只母猴带着小猴子跳到桓温面前，这场面令他很是高兴。他原本也很喜欢这些小动物，就吩咐仆从拿出了自己随身携带的珍贵的桃子给猴子母子吃。看到小猴子做着鬼脸来哄讨桃子的时候，一向威严的桓温莞尔一笑，其他军士们也拿出了更多好吃的。

时间在这样人与动物的和谐相处中过去了好几天，在大家的齐心协力下，战船终于走出了三峡的暗礁险滩。大家终于又可以坐船行军了，不由大大松了一口气。正当大家继续乘船的时候，突然看见一只母猴紧紧追着战船，哀号不已，声音令人忧伤落泪。桓温一看，这不是前几天的母猴吗？为什么她追着战船呢？当地有经验的随军向导告诉他，这母猴一定是刚做了妈妈，失去了年幼的孩子，所以才会这样忧伤。桓温下令停船，母猴凫水上了战舰，一跳到船舷上就精疲力竭而死。军士们见她肚子特别大且嘴巴流血，便将其肚子切开，发现肚子里的肠子都一节节断了。桓温和将士们虽然身经百战，但见此情景也禁不住扭过脸去。事后，桓温下令追查是谁带走了小猴子，结果很快出来了。原来就是那前几天刚被提拔的军官，他在喂食小猴子时用绳索将小猴抓获了。

桓温很是生气，下令罢免了新提拔军官的职务。这名军官不服，来找桓温处辩解。桓温说:“你勇敢不假，但作为人当有仁爱之心。猴子虽是动物，但也是一条生灵，也当被善待。你心存不仁，如果有了危险，肯定让你手下将士去承担；如果有了功劳，肯定你先抢功，你肯定不能和手下将士们同甘共苦。”那被罢免的军官哑口无言，羞愧地低下了头。

之后一路上，将士们心存仁爱，纪律严明，善待百姓，爱护蜀地的山水万物。桓温大军的行动受到沿途百姓的热烈欢迎，很快大军便打败了腐败的成汉政权，建立了不朽功勋。

公正篇

1. 非公未至（工作与公正）

原文： 6.14 子游为武城宰。子曰："女得人焉尔乎？"曰："有澹台灭明者，行不由径，非公事，未尝至于偃之室也。"

译文： 子游当了武城县的县令。孔子问他："你在那里得到人才了吗？"子游回答说："有个叫澹台灭明的人，走路不插小道，没有公事从不到我房间来串门拉关系。"

【解析】大道之行，天下为公

众所周知，社会的资源尤其是优质资源大多是稀缺的。按照中国传统，官员掌握着分配资源的权力。别有用心者接近官员，是接近资源分配的中心，想要获得权力寻租的机会，如此必然损害社会运行的公正。

解决此问题，一要堵住小路。但凡人想走小路，必然是不敢在阳光大道上走。除去涉及国家安全机密的事项，我们要继续推行各项政务公开，要让老百姓知道钱是如何花的，办事流程是如何进行的，让各项政务权力在阳光下透明运行。二要用制度管住官员，设置权力清单和问责机制，把权力关进制度的笼子里，实

现马克思·韦伯所阐述的组织管理的非人格化。在这个非人格化的行政官员组织中，管理工作以法律、法规、条例和正式文件等来规范每个官僚的行政行为，使其公私分明，在工作中不带任何私人情感色彩。当然，引导官员树立理想信念、律人律己也必不可少。此二者，正所谓“大道之行也，天下为公”。

【故事分享】一片公心杨于陵

唐代大臣杨于陵才华卓然超群，18 岁就高中进士，步入仕途。他在人品上更是大公无私，无愧为汉代正直名臣杨震的后裔。他的顶头上司、节度使韩滉平时刚正严肃，不苟言笑，素来很少表扬人，唯独认为这个年轻人德才非凡。韩滉对妻子说：“我寻找了个好女婿，没人有比他更合适的了。”韩夫人也挺喜欢这个正直的年轻人，因此同意夫君意见将女儿嫁给了他。后来杨于陵被征用到鄂岳、江西节度使幕府任职。岳父韩滉升任宰相，总管财政赋税，权倾朝廷内外。杨于陵随着幕府解散而被罢官，一度赋闲无工作。但他为了回避亲近嫌疑，不肯去首都调任，而是在建昌筑起一座简约的草房子隐居，以写文章、练习书法自娱自乐，一直等到岳父韩滉去世才入首都担任吏部员外郎。

到了首都后，他以吏部之职主持南曹（官署，负责审核官吏的档案和政绩，并向上级呈报，以为升迁的依据）事务。首都是个权力集中的地方，各种看似不起眼的官吏都和朝廷高官有着千丝万缕的关系，但杨于陵还是与在地方一样，公正行事。一个候选官员倚仗自己是新宰相心腹，不按格式写公文，杨于陵严肃指出他违背规矩。宰相听说杨于陵批评他的亲信后很生气，随便找了个借口派他出使慰问宣武军，实际上等于将他贬谪出首都。德宗向来知道他正直的名声，在了解了事情的前因后果后，驳回了宰相的命令，将杨于陵留在首都，晋升为中书舍人。

有一个得势的大臣许遂振，脾气凶悍暴戾，为人贪婪放肆。杨于陵曾多次指责过他，他由此对杨怀恨在心，但因杨于陵一直公正守法，找不出私事缺点可以陷害他，于是就在京城中派人到处散布中伤杨于陵的流言。谎言说多了，假的也似乎变真了。唐宪宗听了后也有了疑惑，就下诏免其官职让其回家接受审查，并派许遂振主持审查事务。许大喜过望，终于有了可以落井下石的机会，他疯狂鞭打杨于陵手下的一个部属官吏，叫他一定要供出杨于陵贪污受贿的证据。这名官吏抹了抹背上一道道皮鞭痕迹，忍痛悲愤大喊："我们的上司杨公连朋友送他的微小财物尚且都要拒绝，又怎么肯损公肥私贪污公家的钱财呢！"大臣裴垍也在皇帝面前为他申辩。等到问题调查清楚后，朝廷授予他吏部侍郎之职，并追究了许遂振栽赃陷害罪行。

后来新皇帝唐穆宗即位，杨于陵升任户部尚书，出任东都洛阳留守。他多次上疏请求退休，穆宗都没有同意，还授予他太子少傅，加封他为弘农郡公。不久，杨于陵以尚书左仆射的官衔退休，皇帝下诏赏赐他照领之前的俸禄，而杨于陵说："哪有退休的官员与在职官员拿一样的俸禄？"他坚决辞让，不肯接受俸禄。

杨于陵为人方正严峻，进退有度，坚定严明，始终没有失去公正的品质，当时的人都很尊敬他。他于太和四年（公元 830 年）去世，享年七十八岁，朝廷颁给了他“贞孝”的谥号。

2. 察众好恶（评价与公正）

原文： 15.28 子曰：“众恶之，必察焉；众好之，必察焉。”

译文： 孔子说：“如果大家都讨厌一个人，一定要仔细考察后再作评价。如果大家都喜欢一个人，也一定要仔细考察后再作评价。”

原文： 13.24 子贡问曰：“乡人皆好之，何如？”子曰：“未可也。”“乡人皆恶之，何如？”子曰：“未可也。不如乡人之善者好之，其不善者恶之。”

译文： 子贡问：“乡里的人都喜欢一个人，这个人怎么样？”孔子说：“还不行。”子贡又问道：“乡里的人都厌恶一个人，这个人怎么样？”孔子说：“还不行，（完整客观评价一个人应该从两方面入手）最好是这样：乡村里的善良的人都喜欢他，乡村里奸邪的人都厌恶他。”

原文： 15.23 子曰：“君子不以言举人，不以人废言。”

译文： 孔子说：“君子不会因为人一句话说得好而随便提拔他，也不会因为对一个人有看法而完全禁止他说话。”

【解析】勿谬赞，勿恶贬

有这么一则寓言：百灵说最无原则的饶舌者要算鹦鹉。鹦鹉说喜鹊生就一副奴颜媚骨的样子。喜鹊说苍鹰好高骛远。苍鹰说麻雀寸光鼠目。每一种鸟都敏锐地抓住了其他鸟类的特点，甚至把优点加以刻意的丑化。作为万物灵长的人类的人性就更复杂而多元了，有时悲悯宽怀近似于神，有时幽暗残忍形同如兽。《红楼梦》中的王熙凤既有两面三刀的狡诈及逢迎钻营的投机，也有情真意切的母爱和精明强干的本领；林黛玉既有满腹经纶的才气，也有揶揄挖苦的刻薄。

完整评价一个人，首先不能完全被他人的看法左右，切忌人云亦云。所有人都为一个人点赞，那他固然值得称道，但也有可能是因为此人虚伪多变，投机骑墙。所有人都非议贬损一个人，那他固然可悲，但也有可能是因为此人性格耿介，不媚俗附和。所以孔子说："众恶之，必察焉；众好之，必察焉。"

其次，不能被自己个人的喜恶所左右。有些人喜欢以貌取人，如刘备一见奇才庞统相貌丑陋，便心生厌恶，将庞统下放偏远小县城。庞统抑郁酗酒，张飞经过时责骂其懈怠，可庞统振作精神，半天时间就迅速处理了多日公务，使得一切都井井有条。庞统的颓唐消极固然不可取，但刘备以貌取人也有失公允。所以孔子说，评价一个人不能因为一句好话而轻率下结论，也不能因为一时之不悦而全面否定其人。刘邦不喜欢彭越和英布、韩信，但也肯定了他们的功勋和成绩，予以优厚封赏。笔者在此改编魏

征的一句话："勿因喜而谬赞，勿因怒而恶贬。"（不要因为喜欢而随意夸奖，不要因为不悦而刻意贬低）

【故事分享】司马光与王安石

宋朝是中国历史上一个内忧外患的朝代。北宋之初，宋太祖吸取唐末藩镇割据的教训，设置大量新机构和新职官，分化了原本集中在军事将领和地方长官手中的财政、军事大权。此举措通过增加官员来使之相互牵制，但是官员多了就造成庞大的财政开支。宋朝的外患也自始至终是严峻问题，辽和西夏等环伺边境，宋朝每年的军费和买平安的岁币费用也很惊人。这样一来，国家机构臃肿庞杂和财政开支巨大的弊病就无可避免了。

面对这样的困境，一些担忧国家安危的有识之士提出了各自的解决方案，这其中的典型代表是稳健守旧的司马光和锐意激进的王安石。司马光认为造成国家财政危机的原因主要在于奢侈浪费，即"用度太奢，赏赐不节，宗室繁多"。司马光本身生活就很简朴，自幼不喜欢穿华丽衣服，中进士时佩戴鲜花也很让他羞愧为难。他提出要从统治阶级自身做起，压缩开支，减少赏赐。

王安石对于司马光的观点实在不能苟同，他认为国家要扭转局面，不仅仅在于节约和守成，更要发展生产，并通过改革财税制度来开源，扩充国家实力。他提出在冬季农闲时节发动农民兴修水利，改善交通。在青黄不接的季节，农民出现粮食问题时，政府就打开官仓，把旧粮借给农民。到秋收以后，要他们加上官定的利息用新粮偿还。这样做，农民可以不再受大地主高利贷的盘剥，日子比较好过一些。政府也可以新旧粮食替换，扩充财源，一举多得。

双方的分歧后来越来越大，但如王安石所说，双方的分歧只在于为公为国问题上的政治理念不同，绝不掺杂私怨。两人在个人品德上确实都是令人称道的。王安石体恤百姓疾苦，身居高位却不贪恋美色财物，不结党营私。他多年坚持乘驴出行，认为乘坐轿子用人力代替畜力很不人道。司马光更是有名的清廉，妻子去世后竟然没有多余钱财安葬，只好卖了自家一些田产简单薄葬。两人绝不在私人品德上互相进行人身攻击，相反，他们对彼此的人品和学问都有公允的评价。有一次，一个保守派官员想在人品问题上弹劾王安石，司马光说："王安石的广博学问、耿介人品大家都有公论，你何必拿这个做文章？"在皇帝支持下，王安石三度为相，地位显赫，但司马光不畏惧权势，依然写文章对新法表示反对。有别有用心的人拿这些文章来给王安石看，王安石不但没有追究，反而微笑大度地肯定司马光文章有秦汉的古风，称赞不已。

虽然新法取得了一些初步的成果，但毕竟是新生事物，会受到抵触，而且有些奸佞小人也借新法之名扩张权势；更主要的是，新法触犯了大地主、大官僚的利益，因此新法在宋神宗去世后岌岌可危。之后，保守派推荐了司马光执政。司马光上台后自然全盘否定了新法，但听闻王安石去世，他内心依然感伤不已。当有人要趁机攻击王安石名声和家人时，他更是明确表示不可对王安石做不实的贬损，他主张给王安石公允的评价和死后应有的哀荣，对王氏家人也予以优待照顾。这些事情办完后，司马光也随王安石驾鹤西去。在两人相继去世后，保守和改革两派的大臣政见不合，不再秉持国家公义，而是各自谋取私利，也不再有公正客观的互评了。

3. 君子不党（选人与公正）

原文： 15.22 子曰：**“君子矜而不争，群而不党。”**

译文： 孔子说：“君子庄重矜持而不为私利与人争执，团结合群而不结党营私、搞小团体。”

原文： 2.14 子曰：**“君子周而不比，小人比而不周。”**

译文： 孔子说：“君子团结但不勾结，小人勾结但不团结。”

原文： 13.25 子曰：**“君子易事而难说也。说之不以道，不说也；及其使人也，器之。小人难事而易说也。说之虽不以道，说也；及其使人也，求备焉。”**

译文： 孔子说：“君子容易相处，但真正讨他喜欢却很难，不用正当的方法去取悦他，他不会喜欢；但等到他任用人的时候，他会根据一个人真实的德才特长去任用。小人很难相处，但讨他喜欢却很容易，用不正当的方法去取悦他，他也欣然接受；但等到他任用人的时候，他会求全责备，百般阻挠挑剔。”

【解析】君子周而不比

凡事都有两面性，自然界电极有正负极，时间有日夜，季节有寒暑，人有生死。君子和小人也如同两极，在这个世间共存又对比鲜明。《论语》中关于君子、小人对比的论述很多，例如“君子喻于义，小人喻于利”“君子坦荡荡，小人长戚戚”等。在选人用人的公正性方面，君子和小人也体现了两面性。君子识才放眼五湖四海，唯德唯才唯公，只要你品质高尚，具有相应才华，或者专业技术知识对公家事业有利，哪怕素昧平生，甚至有过个人过节，都要不遗余力推荐；小人则搞个人小团体，根据个人喜好和利益划分圈子，党同伐异，营建自己的势力范围，选人用人唯权唯财唯私，哪怕你道德低下、水平有限、对公共事业无益处甚至有损害，但只要是自己圈子的人，就照样提拔你，毫无公正可言。

【故事分享】祈奚举贤

晋国德高望重的大臣祈奚因为年事已高，向国君晋侯请求退休告老还乡。他多年担任中军尉的要职，对内掌握国政，对外谋划军机，可谓年高德劭。晋侯说：“您须发皆白，为晋国可真是操劳多年啊，是该歇歇了。但是您的官职非常重要，非得找个得力的接替者不可，您在退休之前推荐个可靠的人吧。”祈奚想了想说：“解狐可以。”晋侯惊讶地说：“解狐不是您不共戴天的死敌吗？”祈奚说：“您问我谁可以当中军尉，没说不可以推荐仇人，

这与是不是我的仇人有什么关系？”晋侯想了想，觉得他说得对。

可是解狐还没有上任就得急病死了，晋侯于是又问祈奚谁可以接替职务。祈奚认真思虑了一下说：“那就祈午吧。”晋侯又惊讶问道：“祈午不是您儿子吗？”祈奚说：“他是我儿子，但解狐死后，他是最好的人选了。这与他是不是我的儿子有什么关系？”晋侯想了想，觉得他说得对。

祈午果然在中军尉的位置上干得非常称职，受到满朝大臣的一致好评，大家称赞祈午的年轻干练，更称赞祈奚的公正举荐。这时大臣羊舌职死了，晋侯也来问祈奚接替人选，祈奚推荐了自己的老部下羊舌赤，晋侯知道羊舌赤是祈奚的老部下，但相信祈奚一定是公正的。果然，羊舌赤也非常称职。

祈奚举荐人才非常公正，推荐外人、仇人解狐，不为趁机打击报复；推荐儿子祈午，不为以权谋私照顾亲人；推荐下属羊舌赤，不为结党营私拉拢关系。被他推荐的人都德才兼备，非常称职。祈奚公正举荐的品格受到了大家一致的称赞。

4. 君子远子（亲情与公正）

原文： 16.13 陈亢问于伯鱼曰："子亦有异闻乎？"对曰："未也。尝独立，鲤趋而过庭，曰：'学《诗》乎？'对曰：'未也。''不学《诗》，无以言。'鲤退而学《诗》。他日，又独立，鲤趋而过庭，曰：'学《礼》乎？'对曰：'未也。''不学《礼》，无以立。'鲤退而学《礼》。闻斯二者。"陈亢退而喜曰："问一得三，闻《诗》，闻《礼》，又闻君子之远其子也。"

译文： 孔子弟子陈亢问孔子儿子伯鱼："你（从老师那里）听到过什么特别不同的教导吗？"伯鱼回答："没有。有一天，我父亲一个人站在那里，我快步经过庭院。父亲问：'学过《诗经》吗？'我回答：'没有。'父亲说：'不学《诗经》，（在社会交往中）就不会说话。'我回去就学《诗经》。又一天，父亲又一个人站在那里，我快步经过庭院。父亲问：'学过《礼经》吗？'我回答：'没有。'父亲说：'不学《礼经》，（在社会上做人做事）不能立足。'我回去就学《礼经》。我只听说过这两件事。"陈亢回去高兴地说："我问了一件事，得到三个收获：听到学《诗经》的意义，听到学《礼经》的好处，又听到君子并不偏向自己的儿子。"

【解析】君子远子，一视同仁

中国是一个以家庭为基本社会单位的国度，而家庭是一个孩子成长的苗圃。从最近几年流行的家风家训中可以见到，家庭的气质品行对孩子具有莫大的影响。有些家庭以武艺骑射称雄，例如秦国王翦、王贲、王离祖孙三代皆为秦国大将；有些家庭则以书法翰墨夺冠，例如东晋王氏家庭王羲之、王献之父子都是书法大家；而有些家庭则以考据学术扬名，例如清代考据大家王念孙、王引之父子。而古代工匠店铺也总有个祖传手艺，在乡间街坊中立个口碑字号，靠手艺糊口度日。家庭，尤其是显赫的家庭，往往有属于自己的独门手艺，秘传而不为外人道，甚至有所谓的“传男不传女”之说，担心女儿出嫁外人把秘方泄露。

孔门自然是以诗礼传家的，孔门弟子陈亢担心孔子给自己儿子开小灶，独门传授秘不示人的心得。但孔子让儿子在家学了什么？原来是两个通行的大路货，一个是语文，主要是诗。诗是上流社会的准入证和交际工具。中国是诗的国度，不学诗，就无法进行优雅的语言交际。一个是品德，是礼，即各种行为规范，有军礼（行军出征礼节）、宾礼（外交宾客礼仪）、吉礼（祭祀典礼礼节）、凶礼（丧事吊唁礼节）、嘉礼（婚姻结合礼节）等等，礼仪礼节甚多，有所谓“经礼三百，曲礼三千”之说，确实需要多加研习才可以掌握。陈亢问完后，恍然大悟：老师没什么所谓偏私的独家秘方，对自己的孩子和学生一视同仁。父母这样做，一则公正，二则与自己的孩子保持适当距离，有利于孩子自主成长和发展。

【故事分享】清华校长梅贻琦女儿落榜清华

清华大学是我国的一流大学，以汇聚众多学识渊博的大师和聪明出色的学生而闻名海内外。著名科学家和教育家梅贻琦先生是清华大学的老校长。为了使清华办学质量保持优秀，他一直主张严格招生，绝不讲个人情面。

1937年，抗战全面爆发，清华大学和北京大学、南开大学组成西南联大，从北方的战火中来到云南。当时的云南省国民政府主席龙云为人豪爽热情，喜欢科学和文化，于是他在各方面给予西南联大很多照顾。后来，龙云的爱女报考西南联大附中落榜。于是龙云让秘书长找校长梅贻琦，看看能不能看在这么多年私交的份上录取他女儿。秘书长很为难，吞吞吐吐想说什么又立马住口。龙云一看这样的情况，忍不住发怒了。看到主席生气了，秘书长这才有些紧张地小声回道："我打听过了，梅校长自己的亲女儿梅祖芬也落榜没有被录取。"龙云看到梅校长在招生上如此公正，连自己的女儿也不偏袒，很是敬佩，便不再提及此事，反而劝说女儿上了一所普通学校。

到了1946年，梅祖芬中学毕业报考父亲当校长的清华大学，梅贻琦因为女儿分数差了几分依然没有录取她。他同样也没有录取当时在清华大学当老师的几个著名大学者的子女，但大家看到梅校长对自己女儿都这样无私，没有一个人表示怨言。正是由于梅贻琦无私平等、一视同仁的精神，清华大学办得越来越好，不仅在中国，而且在世界上的名气也越来越大。

法治篇

1. 忍无可忍（底线与法治）

原文：3.1 孔子谓季氏："八佾舞于庭，是可忍也，孰不可忍也？"

译文：孔子评论季氏："季氏擅自使用天子八佾（六十四人）礼乐，如果连这都可以忍，还有什么不可以忍呢！"

原文：2.3 子曰："道之以政，齐之以刑，民免而无耻。道之以德，齐之以礼，有耻且格。"

译文：孔子说："用政法来治理他们，用刑罚来整顿他们，（虽然社会有序）人民会暂时免于罪过，但他们没有羞耻之心；如果用道德来诱导他们，用礼教来整顿他们，人民不但有羞耻心，且内心会真正归服（社会大治）。"

【解析】法律是定海神针，法律是社会底线

《西游记》中，孙悟空向东海龙王讨要兵器，他对虾兵蟹将依次奉上的九股叉、方天画戟都不中意，最后看中了金箍棒，一再向老龙王讨要。龙王苦苦劝告说："这是大禹治水时的定海神针。"孙悟空一甩弄起来，果然深海倾覆，波涛汹涌，水中生灵魂飞魄散，水晶宫岌岌可危，险些不保。

法律就是整个社会的定海神针，是社会最后的底线。宪法是社会制度的定海神针，是国家制度的捍卫者。刑法典和相关刑事法律是社会秩序的定海神针，是公共安全的维护者。民法典和相关民事法律是社会契约事务的定海神针，是各类民事问题的仲裁者。行政法律是政府与公民关系的定海神针，是各类行政纠纷的裁决者。定海神针的稳定在于我们广大司法人员对于法律底线的捍卫，不畏权媚上，不贪赃枉法，不徇私舞弊。正是司法人员对于底线的坚守，让一件件司法案件得到公正裁决，才让我们感受到司法的公正、底线的存在。法律这根定海神针真正护佑着我们社会的大海，使之风平浪静，否则波澜掀起，社会必定动荡不安。

【故事分享】王猛执法

王猛是我国南北朝时期的杰出政治家，为北方前秦政权的巩固和强大做出了巨大的贡献。在青年时代，王猛一边读书，一边以卖簸箕为生，日子过得很是清贫，自然谈不上讲究衣着，所以他被当时很多自命不凡的读书人看不起。大大咧咧的他也不放在心上，只管自己专心读书，逐渐成为一个博学而有才干的人。

王猛的大名终于被前秦皇帝苻坚知道了，苻坚就请他来辅佐自己。苻坚派他去担任治安混乱的始平县县令。这个地方的官吏贪赃枉法、勾结豪强、鱼肉乡里、为害一方，导致民怨沸腾。一向不拘小节的王猛刚上任就处死了一个作恶多端的县吏和几个豪强，老百姓拍手称快。但豪强哪里肯善罢甘休，就把状告到苻坚那里。苻坚接到状纸也很生气，心里想：我原本让你去治理好一个县，想不到你给我捅了马蜂窝。于是他就派人把王猛抓来亲自审问。他说道："治国要用道德安定人心，你为什么这么残暴？"王猛说："道德在太平世道管用，但是在混乱社会只能用法律作为底线了。陛下派我去治理这么一个复杂的地方，如果真要严格执法，坏人杀得还不够多呢！"苻坚被王猛说得哑口无言，便赦免了他，让他继续严格执法，果然，动荡很久的始平县终于安定了下来。

看到王猛果然是个以法治国的人才，苻坚大喜过望，提拔他当了京兆尹（首都的行政长官）。京城里有很多仗着权势作恶的大官，处理起来比县里的豪强难多了。其中名声最坏的是太后的弟弟，也就是皇帝的舅舅强德，他酗酒闹事，强抢民间女子，恶名在外，大家都敢怒不敢言。王猛一上任就抓住了他，判处了死刑，还上报苻坚。苻坚接到这个报告很是为难。于公，他知道国家法令的底线不容侵犯；于私，强德毕竟是他的亲舅舅。太后知道原本卖簸箕出身的王猛要杀强德，大为悲愤，在苻坚这里又哭又闹。苻坚也拗不过太后，下令刀下留人。王猛早就预料到了这个结果，果断下令斩了强德。苻坚知道后感慨道："我现在终于知道了什么是国家法律了。"王猛后来又杀了不少犯法的权贵，前秦一时间政治清明，法令严正，最后统一了北方，成为一个强盛的王朝。

2. 君子怀刑（敬畏与法治）

原文：4.11 子曰："君子怀德，小人怀土；君子怀刑，小人怀惠。"

译文：孔子说："君子怀念道德，小人顾及乡土。君子敬畏法度，小人关注恩惠。"

【解析】奉法如天，敬法在心

人类学泰斗马林诺夫斯基把人类文明分为由浅入深的三个层次，即器物（装备工具和建筑）、组织制度（各种组织形式和规章）、精神文化（价值观）。法律文明也可以参照马林诺夫斯基的三段理论逐步构建。首先，那些大到体现法治威严的司法建筑，小到精准无误的执法记录仪，都在器物层面上展现了法律文明。其二，司法队伍专业敬业，组织系统层次分明，司法制度缜密完善，都在制度层面上展现了司法文明。卢梭曾经说过："规章只不过是穹隆顶上的拱梁，而唯有慢慢诞生的风尚才最后构成那个穹隆顶上的不可动摇的拱心石。"一个社会最难构建的是社会上大多数人遵守法律似公约和内心敬畏法律如神明，形成所谓"奉法如天、敬法在心"的心理秩序，或者说法律文化。如果人人笃信

“国无恒强，无恒弱，奉法强者国强，奉法弱者国弱”，让汉谟拉比法典、罗马十二铜表上镌刻的文字深植人心，那么法律文化的构建才最后完成。

【故事分享】强项令董宣护法

东汉光武帝刘秀平定天下后，定都洛阳，一时间洛阳成为华盖过往频繁、权贵集聚如云的所在。权贵之中，光武帝的姐姐湖阳公主身份特殊，地位显赫，手下家奴倚仗公主权势，横行不法，躲进了公主府邸。几任洛阳令对此心知肚明，但为保住冠冕也听之任之，不敢上门抓人。一时间洛阳一地法令形同虚设，成为作奸犯科的重灾区。

后来陈留（今河南开封）人董宣担任了洛阳令，决心重肃法令，办几个响当当的案子，树立法令威严。恰巧这时公主的一个家奴居然大白天明目张胆杀人，董宣暗中筹划要将案犯法办。一天，董宣得知湖阳公主车驾出行，这个恶奴也一并随从。董宣就带着随从预先等在公主车队必经之地夏口亭。

等了没多久，只见车驾声势浩大，确是公主驾到。董宣带领随从一跃而出，用刀划地，拦住公主去路，迅速通报事由后果断拉下那个恶奴，就地正法。公主贵为天子姐姐，连天子尚且要对她礼让三分，她见董宣拦驾内心已然不悦，见其当面杀自己的亲信随从，更是勃然大怒，立刻奔赴宫中向天子告状去了。

汉光武帝听闻姐姐的哭诉，也很是生气，就传令把董宣找来。董宣的随从衙役早就战栗不已，一个小小的洛阳令当着公主的面处决她的家奴，那不是自寻死路吗？但董宣心中主意已定，坦然进宫。一进宫门，光武帝就下令将董宣竹杖打死。董宣跪下磕头说：“陛下，请允许我说几句话再死。”光武帝说：“可以，将死之人还有何言？”董宣从容说道：“陛下圣德光复汉室，但长久治理国家需要法令，现在公主纵容家奴杀人，却不用法令加以处罚，陛下将如何用法令治理天下？现在我没罪却要被处死，我不能受此不明之法，请陛下赐我自杀。”

董宣话音刚落，就直接向大殿的柱子撞去，当场头破血流。光武帝见董宣说得有理，忙叫侍从拉住董宣，但又不好意思直接说自己和公主错了，想找个台阶给自己和公主下，于是就说：“死刑可免，但董宣必须向公主磕头谢罪。”董宣昂着头颅不肯谢罪。左右侍从过来强按住董宣的头颈，但董宣始终不肯低头，最后双手撑在地上也不愿屈服。湖阳公主煽风点火对光武帝说：“你在当老百姓的时候尚且敢于包庇亡命之徒，现在当了天子却对一个小小的洛阳令没招了吗？”但光武帝不仅没有被激怒，反而有所彻悟：前朝正是由于对法令的亵渎，才会社会混乱，天下崩毁，现在可不能重蹈覆辙。他想了想，认真对姐姐说：“正是因为当了皇帝才不能与平民一样，我就是要让大家都敬畏法令。董宣做得对，真是强项令。”他下令赏赐董宣重金，并昭告天下。董宣乘势又法办了几件涉及权贵的案子。于是所有人都敬畏法令，不敢再作奸犯科，并送董宣外号“卧虎”。从此，强项令董宣护卫法令尊严的故事一直流传到今天。

3. 再思后行（审慎与法治）

原文：5.20 季文子三思而后行。子闻之，曰："再，斯可矣。"

译文：季文子每件事情考虑多次才下决心行动。孔子说："想两次也就可以了。"

【解析】刀下留人，谨慎司法

我们在古装剧中经常可以看见这样戏剧性的反转：一个绝望的死囚，在用过断头酒饭后，静待悲剧命运的终点。刽子手的刀锋冷峻映照着死囚呆滞的眼眸、死灰的脸庞。时间仿佛要凝固了。突然，刑场外传来马蹄声，差役大喝一声："刀下留人！案有疑点！"人命大如天，古代对于案件，尤其是死刑案件有严格的复核制度。以清代为例，各省将死刑犯关押不处决，待秋后将名单传送刑部，刑部审核后将名单呈给皇帝，由皇帝最后裁决。皇帝在裁决时和大学士皆穿素服，以示郑重。清代后期，内忧外患中，朝廷将死刑复核权下放，司法也随之废弛，这是清朝衰亡的标志之一。

法律，尤其是事关生死的刑律是国家治理的利器，一边连着国家公信威严，一边连着百姓祸福安危，必须慎之又慎，不可草率儿戏，否则便是践踏百姓性命，透支国家信用。谨慎司法可以从这样几个方面着手：一，必须建立完善的“疑罪从无”的观念，严禁刑讯逼供，严禁下达犯罪指标，以免让刑法成为吞噬无辜人生命的猛兽。二，用高科技助力司法，让弹道分析、DNA 鉴定、血溅形态分析等刑侦手段，以及大数据记录、监控视频等现代科技手段举出无可辩驳的实证，纠正长期以来一味凭口供断案的传统。三，建立完善的复核和司法监督体系，将死刑复核权严格收归最高人民法院。四，落实错案责任追究终身制，冤假错案一旦发生，必须严肃追究当年经办人的责任，落实司法赔偿制度，还错案受害人及其家属一个清白，将真正的罪犯绳之以法。

【故事分享】钱若水慎决疑案

在北宋的时候，有一个名叫钱若水的人，自幼天资过人的他慎重司法，解决了不少疑难案件，留下许多故事。他早年担任同州推官，主管司法审判。推官主要掌管刑狱诉讼之事，相当于现在地方的中级人民法院院长。钱若水当时有一位同僚，是做录事参军的，这个录事参军就是州里掌管文书的官员。这位同僚曾经向当地的一位富翁借钱。富翁知道这位录事参军贪财好物，借钱给他等于肉包子打狗有去无回，就没有答应。录事参军没说什么，但暗暗怀恨在心，一直寻找机会想泄愤报复。

这个机会终于来了，富翁家的一个使女逃跑，录事参军就教唆使女父母诬告富翁强奸未遂，逼死人命。反正生不见人，死不见尸，录事参军正好利用这个机会大做文章。使女父母哪里晓得其中的诸多玄机，见女儿是从富翁家里走失的，自然悲伤，就击鼓告富翁杀人。

富翁父子被抓起来后，一开始昂头拒不招认。录事参军暗暗让执法人员对父子俩施用了重刑。这父子是享福惯了的人，哪里受得了这般苦楚，只得屈打成招，在认罪书上签字画押，然后理所当然被判处死刑，只能绝望地等复查后开刀问斩。

定案后，这位录事参军将案子上报知州，知州召集有关官员进行复审，多数人认为此案处理没有问题，都表示支持对富翁的死刑判决。只有推官钱若水对案件产生了怀疑，就把案子压了下来。于是那录事参军找上衙门厅堂来，冲他一顿咆哮，说他一定接受了富翁家的贿赂，为富翁开脱罪责。钱若水也不申辩，只是淡淡笑着说："这是人头落地的事情啊，人头不是韭菜，割了还能再长，我们执法一定要谨慎从事。"又过了十天，钱若水还是不肯在复核书上签字同意。这下连知州大人也按捺不住性子了，急急忙忙跑来说："这个案件你到底想如何处理？"钱若水说："快了，再给我几天时间。"一时间，上上下下皆责怪钱若水，都怀疑他是接受了富翁的贿赂，故意拖延时间。

终于有一天，钱若水来找知州说："大人，和你说个事情，那个使女我派人找到了。"知州狐疑道："不会是假冒的来为富翁开脱的吧？"钱若水说："这样，我们让她的父母来认，这总错不了吧？”太守让使女站在帘子后面，把使女父母叫来说：“你们能认出你们的女儿吗？”使女父母说“当然”。拉起帘子一看，那父母果然认出那是他们失踪的女儿，一家人相拥抱头痛哭。自此，这件草率冤案得以昭雪。富翁一家人来叩谢知州说：“不是大人您，我们全家都要被灭门了。”知州说：“不是我，是推官钱大人的谨慎办案救了你们。”富翁到钱若水家里道谢，钱若水却闭门不出。富翁大为感动，捐了大量家产给寺庙为钱若水祈福。知州因钱若水替几个被判死罪的人洗雪了冤情，想为他上奏请功，钱若水坚决拒绝说：“我只求审判正确，不冤枉草率处死人罢了。邀功请赏不是我的本意。”知州佩服不已。那个录事参军也到钱若水处叩头表示惭愧并真诚道歉。

4. 力求无讼（教化与法治）

原文：12.13 子曰："听讼，吾犹人也。必也使无讼乎！"

译文：孔子说："审理诉讼案件，我同别人一样。最理想的情况是使诉讼的案件根本不发生。"

【解析】教化司法，互为表里

长期以来，在中国能获取国家正式官员身份的人只占少数，而他们治理着从几千万到数亿人口的泱泱国度。这是因为基层治理不光依靠国家司法，也依靠道德教化。司法具有触底严惩的刚性，社会的有效治理确实需要刚性的司法，这即所谓的"人心似铁，官法似炉"。一味依赖道德手段，没有强制性的外在约束，就无法建立稳定的治理秩序。但是道德教化具有引导人们从善守正的作用，能起到司法难以达到的预防犯罪和确立规范的作用。神医扁鹊多次劝蔡桓公治病，蔡桓公不以为然且固执己见，最后病重不治。扁鹊这样总结说："疾病在皮肉之间，汤剂、药熨的效力就能达到治病的目的；疾病在血脉中，针刺和砭石的效力就能达到治病的目的；疾病在肠胃中，药酒的效力就能达到治病的目的；疾病进入骨髓，就是掌管生命的神也无可奈何。现在疾病已进入骨髓，我因此无法为他治病了。”任何犯罪都不是没有萌芽状态的，教化如同重病的早期筛查一样，可以防患于未然。单方面依赖法律，把法律尤其是严刑峻法当作万能药方，也必将自取灭亡。樊哙在谈及秦朝灭亡时道出了天下人的心声：“夫秦，杀人如不能举，刑人如恐不胜，天下皆叛之。”（秦国，杀人唯恐不能杀完，处罚人唯恐不能用尽刑法，所以天下人都背叛了它）

教化和司法这两者说到底实际都是在调整一定的社会关系，规范一定的社会秩序，是社会治理互为表里的手心和手背。故此，我们一方面要严守司法底线，维护司法利剑的神圣刚性，一方面也要重视规则，将教化的春雨内化为心中的善恶准则。

【故事分享】陆稼书民事无讼

俗话说，“清官难断家务事”，就是说即使再优秀的官员也难以决断家庭成员之间的民事纠纷。但在清代，就有这样一位善于动之以情、晓之以理的官员，在民事纠纷中平息各种争端，他就是清代好官、平湖人陆稼书。

陆稼书在担任镇城知县的时候，审理民事案件的方法和其他县官完全不同。其他官员审理案件的时候，总是在两排手拿水火棍的衙役高喊“威武”的升堂仪式中开始，令打官司的老百姓心生畏惧。陆稼书想：一个好官需要在情与法之间合理权衡，伤天害理的刑事大案确实需要威严仪式和严肃法度，但民事官司，尤其是涉及家人的官司还是应当以调解劝和为上策。

所以陆稼书在处理民事官司的时候，不用差役壮声势，当老百姓把状纸放到县衙的时候，陆稼书对待原被告双方都如家人亲友一般循循善诱，认真倾听双方的理由，将矛盾用调解的方式化于无形之中。进衙门怒气冲冲的双方，往往出门后就握手言欢了。

有一次，陆稼书遇到一个比较棘手的案件，一对积怨多年的兄弟争夺家产。哥哥叫黄仁，弟弟叫黄义。二人祖上有些田产，因没分家时未立界桩，所以尽管就田产的归属分配问题前几任县令多次裁决，但兄弟俩依然争吵不休，双方也已然形同陌路，连过年也不往来了。官司打到陆稼书这里，他不像其他官员一样当堂宣判，也不如寻常一样劝解，而是让黄家兄弟俩互相以“哥”“弟”相称喊五十遍，喊完再说案子。说罢，陆稼书在堂上燃起香，静观诗书，默默等待。好奇怪的断案，大堂里只留下兄弟二人面面相觑。

由于长时间的纷争，双方的结怨太深，一时间兄弟俩唯有沉默以对。但最终，弟弟黄义用久违的称呼打破了尴尬的沉寂：“哥。”见兄长不应，黄义又怯生生喊了一声。好熟悉的称呼，黄仁想起孩提时候他们一起捉知了时弟弟童稚的呼唤。“弟弟。”黄仁也禁不住回应了一声。这又让黄义想起少年时候兄长教自己对对子作诗时的情景。“哥哥！”“弟弟！”“哥哥！”“弟弟！”随着双方称呼对答越来越响，两兄弟再也难掩手足之情，泪如雨下，沾

满衣袖。陆稼书见此情景说：“如何？你们兄弟二人自己说如何判。”弟弟说：“兄长待我恩重如山，理应多分。”“不，弟弟应该多受照顾。”哥哥答道。陆稼书说：“那我就大致合理分配，明天去划分界桩，你们还要再上诉吗？”“不必了！”双方异口同声说道。

就这样，一场旷日持久的兄弟家产纷争，在陆稼书的巧妙调解下得到妥善解决。陆稼书治理下的县城成了一个安定和谐、没有诉讼的君子国，原本经常打官司的大堂居然因为长期没有诉讼而长出了荒草。他也得到了大家的交口称赞。

爱国篇

1．色勃足躩（言行与爱国）

原文：10.3 君召使摈，色勃如也，足躩如也。揖所与立，左右手，衣前后，襜如也。趋进，翼如也。宾退，必复命曰："宾不顾矣。"

译文：鲁君召孔子去接待外国的贵宾。他脸色矜持庄重，脚步轻快。他向两旁的人作揖，或者向左拱手，或者向右拱手，礼服一俯一仰，却整齐不乱。他快步走向前时，好像鸟儿张开了翅膀。贵宾辞别，一定要等贵宾走到不再回头时才向君主回报。

【解析】言行之中，自有华夏

纽约时代广场是资本主义文明的心脏地区、西方文明的中心地带，一部精心制作的中国国家形象宣传片在此上映了。这部宣传片从高端层面展示了中国各界精英的状态。但一个民族的形象不应只包括塔尖精英阶层的举止，更需要涵盖塔基部分普通人群的整体言行状态。随着我国国力的提升，越来越多的普通人走出国门，出国护照也从少数精英群体手中走向了千家万户。大部分

出国的国人都会自觉维护中国礼仪之邦的形象，即使并不熟悉西方国家风俗，言行也比较谨慎。但与此同时，一小部分不和谐的画面还是出现在了出国潮的画卷之中。有人在寂静酒店中大声喧哗；有人在历史古迹上用小刀留名展示“到此一游”；还有人在林荫绿道乱丢垃圾、烟蒂甚至便溺。这虽然是极少数国人所为，却严重影响了我国的国际形象。回首 20 世纪 80 年代，出国人员需要预先就一些外事注意事项和相关礼仪接受培训，现在想来也不过时。一个普通中国人，在国外也确实代表着我们国家的基本形象。“礼仪之大谓之夏，章服之美谓之华”，我们素来以文明国度著称，我们每个普通个体站立的地方就是华夏民族站立的地方，我们普通人的言行举止也代表了华夏民族的整体形象。你如果文雅，中国就不会粗鄙；你如果伟岸，中国便不会渺小。

【故事分享】弦高急智退秦军

春秋末年，天下共主周王室式微，礼崩乐坏，各大国为了扩大自己的势力范围，连年征战不休。小国郑国处于各大国的中间位置，处于春秋版图的十字路口，成为各大国争夺觊觎的焦点。公元前 628 年，一代霸主晋文公带着未竟的事业遗憾去世，秦穆公认为新即位的晋襄公少不更事，必然无暇顾及郑国，就动了独占郑国的贪念。恰好在这个时候，出使郑国的秦国大夫杞子托心腹传递了一个绝密消息：“郑国国都的北门现在被我控制了，如果秘密派一支精锐部队来一次偷袭，必定拿下郑国国都。”秦穆公大喜过望，这一切仿佛是天赐良机！秦穆公命百里奚的儿子孟明视为大将，蹇叔的两个儿子西乞术、白乙丙为副将，率领兵车，偷偷地去攻打郑国。

秦军沿着人迹罕至的道路前行，小心谨慎慢慢靠近郑国。在公元前627年春天，秦军终于到达离郑国不远的小国滑（今河南滑县）。郑国国都近在眼前，这次长途偷袭就要成功，郑国如同熟透的果实快要成为秦人的囊中之物，秦军上下按捺不住内心的狂喜，踌躇满志地唱起了秦军世代相传的《无衣》战歌。

忽然有人拦住去路，说是郑国派来的使臣，求见秦军主将。三位主帅大吃一惊，但还是在军帐中接见了那个自称使臣的人，仔细询问他为什么前来。那位“使臣”按照春秋外交礼节一丝不苟地行了礼，然后从容说道：“我叫弦高。我们郑国国君听闻三位将军远道而来，特地派我赶来迎接。他嘱咐我先送上一份微薄的礼物，慰劳贵军将士，表示我们的一点心意。”接着，他献上了四张熟牛皮和十二头肥牛。

秦军原来的如意算盘就是在郑国毫无准备的时候进行突然袭击，现在郑国使臣特意前来犒劳军队，说明郑国早已经有了准备，偷袭已经无法达成了。这时秦军统帅内心翻江倒海，大叫不好，但毕竟要保持大将风度，只能平静收下了弦高送来的礼物，对他说：“我们不到贵国去了，你们不必费心，使者请回。”等这位“使者”走了以后，三位统帅连忙商量，虽然对这个使者有所怀疑，但稳妥起见，他们还是统一了意见：秦军暂时按兵不动，静观其变。

这个弦高确实不是什么郑国使者，他只是一个平凡的郑国牛贩子，平时走南闯北的他倒也见多识广。这天他赶牛到洛邑去做生意，刚好撞见了秦军，秦军的服饰和特殊的《无衣》战歌让他暗叫不好——郑国危在旦夕。可是在这个关头要向郑国报告已经来不及了。他急中生智，一面冒充郑国使臣骗了秦军统帅，稳住了敌人，一面派随从连夜赶回郑国向国君报告。

郑国国君接到秦军迫近的消息，大惊失色，急忙派人到北门去观察秦国使节的动静，果然发现秦人已经把刀枪磨得雪亮，马匹喂得精神饱满，正在做接应大军的准备。郑国国君就不客气地对秦国使节下了逐客令。外交使节被驱逐的消息传到在滑国的秦军大营，秦军三名统帅明白了郑国上下都已经知道偷袭的机密，而且他们劳师远征，光粮草就是大问题，又没有后援，再待下去无疑是坐以待毙。秦军只好连夜把人马撤走回国了。贩牛商人弦高凭借机智的言行和爱国赤心挽救了国家。

2. 鲁国雅颂（文化与爱国）

原文： 9.15 子曰："吾自卫反鲁，然后乐正，《雅》《颂》各得其所。"

译文： 孔子说："我从卫国回到鲁国，把音乐的篇章整理出来，使得《雅》《颂》在鲁国得到保存安置。"

【解析】文化是一个国家的气质

据说，人有四种不同的气质。多血型的人擅长交际，适应性强，机智灵活，注意力易转移。《水浒传》里风流倜傥、多才多艺的燕青是这类气质的代表。黏液型的人内向平和，坚毅隐忍，埋头苦干。《水浒传》里忍辱负重、内敛深沉的林冲是这类气质的代表。胆汁型的人精力充沛，脾气暴躁，性格直率。《水浒传》里手持两把板斧脾气火爆的李逵是这类气质的代表。而抑郁型的人则敏感脆弱，多愁善感。《红楼梦》里葬花落泪的林黛玉是这类气质的代表。

如同人具有独特的气质一样，一国文化也是一国的独特气质，是国家精神的写照。俄罗斯地处高纬度广袤的平原，其文学作品悲壮慷慨，大气磅礴。德国号称“欧洲思想家的摇篮”，其文学作品严谨深邃，饱含思辨。法国人浪漫多情，其文学作品热烈动人，洋溢着人性气息。美国人则乐观幽默，其文学作品通俗朴实，平易直白。至于中国的气质，我想，那就是我们在“名在壮士籍，不得中顾私”（曹植《白马篇》）的语句中感受到的“尚群”（家国情怀），在“挟飞仙以遨游，抱明月而长终”（苏轼《赤壁赋》）中领悟到的“乐观豁达”（儒释互补思想），在“安得广厦千万间，大庇天下寒士俱欢颜”（杜甫《茅屋为秋风所破歌）一句中体会到的“向善”（善良慈悲情怀）。这些作品也是民族气质的最佳写照，是所有中国人互通的文化符号。阅读品味这些不同国度的文学作品，就是在感受不同国度的文化气质和精神面貌。民族文化是一个民族的精神家园，也是外民族与之交流的最好媒介。与英国人聊莎士比亚，与韩国人唱《阿里郎》，都可以引起对方的高度认同和热情回应。

【故事分享】楚文化骄子屈原

楚国位于南方的长江流域，地理位置远离中原地区，在长期的独立发展中，形成了极具特色的楚国文化。屈原出生于楚国贵族世家，在楚国文化的浸淫中成长。对于哺育他的楚国故土，他怀有巨大的热忱。屈原的故乡江陵地区有橘树千里，盛产甘甜可口的橘子，不过这些南国橘树的习性奇特：只有生长于故乡土地，才能结出甘美的果实，倘要将它迁徙异地，就只能得到又苦又涩的枳了。他在《橘颂》中这样歌颂楚地橘树的坚贞：“后皇嘉树，橘徕服兮。受命不迁，生南国兮。深固难徙，更壹志兮。”（“你这广阔天地间孕育的美丽橘树哟，生来就适应这方水土。接受了不再迁徙的使命，便永远生在南方的楚国。你扎根深固难以迁移，立志是多么的专一。”）

楚国幅员辽阔，长江云梦的千里烟波让楚国的文化相比中原文化的刚直多了几分柔和灵性，相比中原文化的质朴多了几分浪漫热烈。除此之外，楚国巫风盛行，民间祭祀之时，祭祀台上的女祭司扮演诸神，衣服鲜亮，配合音乐载歌载舞，气氛热烈。楚国的语言词汇也与中原地区迥然不同，楚国早期的《子文歌》《沧浪歌》《越人歌》的歌词中每一个句子都喜欢用“兮”和“思”作为助词结尾。这种人神共存的独特文化土壤，也深刻影响了屈原的诗歌创作。他创作的《九歌集》描写了楚国大量的神，有天神东皇太一，有湘江水神湘君，有云神云中君，有主管人间生育的神少司命。屈原在《九歌》中这样描写少司命：“孔盖兮翠旍，登九天兮抚彗星。竦长剑兮拥幼艾，荪独宜兮为民正。（“孔雀翎制车盖翠鸟羽饰旌旗，你升上九天抚持彗星。一手直握长剑一手横抱儿童，只有你最适合为人主持公正。”）与中原正襟危坐的神明不同，一个乘坐华丽孔雀车盖装饰的车、高举长剑、怀抱儿童的美艳楚国女神形象，通过屈原的笔端展现在了世人面前。

可现实往往与瑰丽的神话存在差距，屈原时代的楚国已然处于内忧外患之中。楚国对内不修内政，旧贵族顽固把持国家权

力，不思进取；对外则丧权辱国，楚怀王被秦国扣留，客死他乡。屈原对现状忧心忡忡，但依然踌躇满志地想要改变楚国的面貌。他对内主张选贤任能，对外主张联齐抗秦。但屈原的改革触犯了保守贵族的利益，受到上官大夫、子兰等人的诬陷。楚怀王疏远了他，后来的顷襄王又放逐了他。在放逐途中，他形容枯槁，身心憔悴。他无力践行自己的美好理想来挽救祖国于危亡，又不愿离开祖国苟且偷生，只能效法古代的贤臣彭咸自杀，为祖国和祖国的文化殉难。他在《离骚》的结尾这样表达慷慨就义的决心："既莫足与为美政兮，吾将从彭咸之所居！"（"既然不能实现理想政治，我将追随彭咸而去！"）到了公元前 278 年五月初五那天，他写完关于祖国文化的绝唱《怀沙》后，抱着一块大石头，跳进汨罗江自沉身亡。

屈原是在楚文化熏陶下成长起来的伟大诗人，他受楚地独特文化哺育，又将这一文化发扬光大，使之成为后世永久流传的集体记忆。他开创的《楚辞》骚体文学和中原的《诗经》成为我国诗歌的两大源头。

3. 鲁变至道（制度与爱国）

原文：6.24 子曰：“齐一变，至于鲁；鲁一变，至于道。”

译文：孔子说：“齐国的政治和制度一经改革，便达到鲁国的样子；鲁国的政治制度再一经改革，就接近于大道了。”

原文：5.3 子谓子贱：“君子哉若人！鲁无君子者，斯焉取斯？”

译文：孔子评论子贱说：“这个人是君子呀，如果鲁国不是礼制文明的君子之国，这种人从哪里产生的呢？”

【解析】橘生淮南与淮北，各成一制

每年的圣诞节，英国的万千民众都会打开电视、平板电脑、手机等各种终端，接受英伦三岛共同的家长——女王的圣诞演讲祝福。在《天佑女王》的音乐中开始和结束的演讲向世人昭示，这是个生活在王冠下的国家，虽然君主不掌握实际权力，但其影响力无处不在。这是一个君主立宪制国家，这里的军队是王的军队，这里的议会是王的议会，这里的官员是王的官员。对于传统的尊重，对于渐进变革的推崇，让英国人保留了贵族和君主制，且一直引以为豪。但我们只要往南走，跨越狭长的英吉利海峡，就可以听见慷慨激昂的《马赛曲》：“公民们，武装起来！”共和

与平等是法兰西这个在大革命烽火中诞生的国家的制度名片。法国总统固然有巨大的权力，但毕竟需要全民选举，重大的事项也动不动就得全民公决。激进的法国人在几轮革命和战争烈火的淬炼后，选择了民主共和的总统制。在离法国不远的瑞士，小国寡民，则采取七个人联合当家的委员会制度，就是一次选几个人当家，这几个人轮流执政。英国人的直系后裔跨越大西洋后，在一望无际的北美荒原上开辟了新天地，对个人英勇主义的崇尚使他们选择了由一个人负责的总统制。

晏子说："橘生淮南则为橘，生于淮北则为枳，叶徒相似，其实味不同。所以然者何？水土异也。"土壤的出产、江河的流向、生于斯长于斯的人民的选择，自然最切合实际。我们应当认同自己足下土地上人们的制度选择，它或许不是最完美的，但却是最适合的。一个国家的国情特殊，历史和地理条件特殊，人种和文化环境特殊，都决定了其要采取独特的政治制度，因为一个国家的制度是各种因素长期积淀的成果。

【故事分享】晏子使楚

春秋时期，齐国和楚国都是有实力又各具特色的大国。齐国依靠大海资源，在管仲当宰相的时候富国强兵，率先称霸。齐国又地处中原，礼乐文明很是先进，是个老牌大国。楚国则借助铜矿山，在楚庄王的时候问鼎中原，后来居上，同时又向中原国家积极学习各项制度，是个新兴大国。俗话说，"一山难容二虎"，两个国家谁也不服谁，就在各个领域找机会斗争。此时齐国是晏子当宰相，他时刻注意在大国面前维护自己国家的尊严。

有一次，齐国国君派晏子出访楚国。楚国君臣知道晏子身材矮小，就拿这个来大做文章。他们关闭了恢宏的国都正门，而在正门旁开了一个简陋的五尺高的小门让晏子出入。前来迎接的楚国傧相（外交礼仪官员）不怀好意地说："宰相先请。"和蔼的晏子收敛了笑容，他严肃地对傧相说："这是狗洞，不是城门。你们是个什么国家？如果你们承认自己是狗国，我就从这个洞里进去。"接待的人立刻把晏子的话传给了楚王。楚王只好吩咐大开正门，隆重迎接晏子。晏子胜了第一局。

双方落座后，楚王斜眼看了看矮小的晏子，不屑地说道："堂堂的中原大国齐国就没像样的人了吗？居然派你来当使者。"晏子回答说："说起我们的齐国人，可多了去了。首都临淄就有七千多户人家，大家举起袖子，那么多宽大的衣袖连起来，可以像树荫一样遮住太阳。大家一起挥洒汗水，那么多流下的汗水接起来，可以像大雨一样滋润大地。我们那里的人在大街上走路的时候肩靠肩、脚碰脚。我们最不缺的就是人。""那么多人，为什么派了你这样的人来？"楚王一边反击，一边想看晏子尴尬的样子。晏子不慌不忙回敬道："不瞒您说，我们齐国有个规矩，派上等人去上等国，中等人就去中等国，我呢，您也瞧见了，是最没用的，就只好派到您这里啦！"说着他向楚国君臣作揖，故意笑了笑，楚王只好陪着干笑。晏子又胜利了！

眼看连输了两局，楚王这下可气坏了，对左右大发雷霆："我知道晏子是个擅长辞令的人，我想给他下马威，显示下我们楚国的威力，你们给我想个像样的办法出来！"左右随从也不是吃素的人，他们对着楚王耳语了几句，愁眉不展的楚王马上眉开眼笑，连声叫好。

按照外交礼仪，楚王安排了盛大的酒席款待齐国贵宾晏子。楚国精美的漆器酒具和罕见的山珍海味表达了对大国使节的礼遇。正当他们吃得高兴的时候，有两个威严的楚国武士押着一个哆嗦着的囚犯从宴会堂下走过。楚王看见了，装模作样问他们："那个囚犯犯的什么罪？他是哪里人？"武士大声回答说："犯了盗窃罪，是齐国人。"后半句全场都听到了，楚国君臣哄堂大笑。楚王假意叹息了一声，对晏子说："齐国人怎么这样没出息，来我们楚国干这种偷盗事儿？"出这个馊主意的大臣听了，得意扬扬，以为这下可让晏子丢尽脸了。哪知晏子面不改色，站起来故作惊讶地说："大王怎么不知道？淮南的柑橘，又大又甜，可是橘树一种到淮北，就只能结又小又苦的枳，还不是因为水土不同吗？同样的道理，在齐国良好的风俗和制度下，齐人安居乐业，一到楚国，不知受了什么影响，居然就做起盗贼来了，也许是两国的水土、风俗不同吧。"楚王听了，只好赔不是，说："果然圣人是不能随意取笑的，我自讨无趣了。"从这以后，楚王再也不敢不尊重晏子，更不敢不尊重齐国和齐国的礼乐制度。

4. 归鲁似箭（统一与爱国）

原文： 5.22 子在陈，曰："归与！归与！吾党之小子狂简，斐然成章，不知所以裁之。"

译文： 孔子在陈国，说："回去吧，回去吧，我们故乡的学生晚辈志向高远，文采又斐然可观，我不知道该如何指导他们。"

【解析】一生万物，万众归一

2019年天猫"双十一"活动全天成交额达到了2684亿元人民币。这是中国商业势能潜力的爆发，也是中国长期巨国效应的显现。欧洲拥有7亿多人口，但散布在40多个独立主权国家，中国现有人口数量（14亿）接近欧洲的两倍，并且凝聚统一在一个国家里。这个国家拥有沙漠、海洋、高山、平原、丘陵、湿地、湖泊，以及大江大河，自然生态从温带、亚热带到热带几乎无所不包，由方块文字和儒家文化统一在一起。道家说："一生二，二生三，三生万物。"杜牧说："六王毕，四海一。"这个巨大的"一"造就了中国的巨国效应。我们可以拥有世界领先的产能、世界前沿的制造业和服务业，以及世界一流的军队。中国大势，分分合合，然则统一是常态，分裂是异态。万众归一、天下归心，反映了国人对我们悠久历史的尊重，对我们巨国力量的维护，以及对我们这个伟大国家的热爱。

【故事分享】土尔扈特部万里东归

土尔扈特部是清代生活在我国西北边陲的厄鲁特蒙古四部（准噶尔、杜尔伯特、和硕特、土尔扈特）之一。后来这当中的准噶尔部逐渐强大，他们勾结沙俄，不断吞并其他三部的领地。明天启三年（公元 1623 年），土尔扈特部首领和鄂尔勒克与众族长商议后决定，与其遭受外侮且坐等被准噶尔吞并，不如放手一搏，远走他乡，另找生路。和鄂尔勒克率领全体部族一路向西迁徙，来到了当时还人迹罕至的额济勒河（今伏尔加河），在异国他乡重新开始了新的游牧生涯。那时伏尔加河下游是一块无人之地，沙俄的势力尚未扩张至此。难能可贵的是，土尔扈特部虽远居欧洲，但始终认同自己的祖国，尊重祖国主权，顽强地保持蒙古族传统和宗教信仰，长期与祖国保持着密切联系。土尔扈特部不时遣使回国朝贡。这个被迫旅居异域的部落的爱国热忱感动了当时执政的康熙皇帝，康熙帝也积极回应并派遣亲信侍从图里琛作为特使，历时三年，不远万里前去慰问。

正当他们以为可以开始自己梦想中的田园牧歌生活时，逐渐强大起来的沙俄开始对这个不肯屈服的部族进行无休止的迫害。政治上，沙皇迫使他们称臣，并直接干预土尔扈特部汗位的继承；思想上，沙俄强迫土尔扈特人放弃原有的宗教信仰，改信东正教；经济上，沙俄唆使大量哥萨克移民抢夺土尔扈特的牧场，并对土尔扈特人课以繁重的赋税徭役；军事上，沙俄强征大批土尔扈特人参战，死者七八万人，致使原本人丁不旺的土尔扈特部人口锐减。更令全体族人无法接受的是，沙俄统治者居然无理要求把渥巴锡汗的独生子及部落其他首领的子弟送去沙俄首都彼得堡做人质。在这个何去何从的重大危难关头，渥巴锡汗和其他首领经过周密商议后决定归国，面朝遥远东方温暖太阳升起的方向——回归祖国！

事不宜迟，土尔扈特人民勇敢地举起武装反抗沙俄的旗帜，踏上归途。部族队伍袭击了监视他们的俄军兵营大帐，击溃阻碍他们东归的俄兵，遗弃不能带走的粗重物品。年轻的渥巴锡汗率领部族老小17万人骑着马，带着他们赖以为生的驼队和羊群毅然决然地踏上了东归祖国之路。在归国途中，他们冲破沙俄哥萨克骑兵的围追堵截，穿过大漠无人区，克服了令人难以想象的艰难险阻，做出了巨大的牺牲。当快到祖国之时，他们风尘满面，形容枯槁，衣不蔽体，鞋靴全无。经历几个月艰苦行程，17万人中约有10万人永远倒在了路上。乾隆三十六年（公元1771年）六月，只剩下不足7万人的土尔扈特全体部众，终于踏上了阔别140多年的祖先家园西北新疆，回到太阳升起的祖国，从而结束了长达8个月的艰难悲壮的万里归国之路。乾隆皇帝听闻他们万里归国的壮举后十分感动，在承德避暑山庄热情接待并册封了渥

巴锡汗等土尔扈特各首领，还将肥沃的准噶尔盆地作为他们的新定居地，安置他们的部落子民。在欢迎筵席上，君臣双方把酒畅谈，说起回归一路艰辛，皆忍不住感伤簌簌落泪；说起祖国厚遇，渥巴锡等人对乾隆皇帝谢恩不已。

宴会和安置工作圆满结束后，乾隆皇帝万分感慨，就亲自动笔写了一篇《御制土尔扈特全部归顺记》，命优秀工匠将文字刻在三块巨大石碑上，详细记录土尔扈特如何遭受劫难、被迫远离故土，又如何万里东归祖国的故事。至今，这三块巨石依然矗立在河北承德避暑山庄，向后人静静讲述那一段远方游子回归祖国的忠诚壮举！

敬业篇

1．劳而无倦（勤勉与敬业）

原文：13.1 子路问政。子曰：“先之劳之。”请益，曰：“无倦。”

译文：子路向孔子请教政治。孔子道：“自己首先给老百姓勤勉带头，然后让他们勤勉工作。”子路请他再多讲一点。孔子说：“保持这个状态不要懈怠。”

原文：9.21 子谓颜渊曰：“惜乎！吾见其进也，未见其止也。”

译文：孔子谈及颜渊时说：“可惜呀，他英年早逝了！我只看见他不断进步，从未看见他止步不前。”

【解析】勤勉无倦，勤思精进

儒家倡导“中庸”，“中”就是合适，不走极端；“庸”就是常态。的确，生活中华丽的篇章总是少数和片段，大多岁月如水般平淡无奇。平淡无奇，或者说重复琐碎，是生活也是工作的常态。2015 年，一部反映文物修复工作的纪录片《我在故宫修文物》热播，这些给国宝“治病”的“医生”，他们师承清廷造办处，入门学习的路径依然是千百年不变的师徒传承，老师傅们念念不忘的是自己做学徒时师父的教诲——多干重活，多干琐碎简单活。

故宫文物的修复手艺与其他专业手艺一样，新入行的徒弟们需要在平淡中不断重复，不怕烦琐，不断磨砺心性，方可踏上工匠之路。因此孔子如老师傅一样教导从政新人子路，“无倦”，即在平淡烦琐中做到不倦怠。

但如果只会简单重复，只是原地踏步，没有反思，是不会进步的，没有精进就不会有所提高。古代有些县衙的建筑格局分为前面办公的大堂和休息的后院，中间隔有一个退思堂。县官们从庞杂繁重的公务中脱身后，往往不急于直接回家，而是一个人独坐退思堂沉思片刻，想想今天处理公务得失在哪里。我想，我们要在专业上要有所发展，在日常的重复劳作之余，也应该不断反思和精进，不求如达摩石室面壁般深入反思，也不求如颜回般每天有新思想，但至少可以提醒自己少犯错，从而有所改进，力求日臻完善。

【故事分享】东晋陶侃勤勉勤思

陶侃是东晋时期的名臣。东晋地处长江以南，与占据中原的北朝对峙。有一次，陶侃被任命去当时算是偏远之地的广州担任刺史。因为那时广州人口不多，公务也比较清闲，陶侃就吩咐人找来一百多块大砖头，他手捧着砖头一块块地从书房运到院子里，傍晚再从院子运回书房。旁人看他这样一天天坚持不懈感到很奇怪，就问他缘故。他说：“我虽然在偏远的广州，但应该致力于收复中原，如果在这里贪图安逸，等国家需要我的时候就不中用了，所以我借搬砖来锻炼身体，磨砺意志。”

后来朝廷对陶侃委以重任，让其担任荆州刺史兼征西大将军，统管荆、湘、雍、梁四州军务。荆州的百姓知道陶侃是个勤勉爱民的好官，都举杯庆贺。升迁后，陶侃变得更加勤勉了，远近的文件书信他都亲自回复处理，手里的笔很少停下来。公务来访的人，尤其是远道而来办事的人，他会立刻接见，不让人久等。公府中的大小事务，他都亲自过问，虽然事情千头万绪，他也几乎没有疏忽和遗漏。他常对人说：“大禹是个绝顶的圣人，尚且勤勉珍惜光阴，我们这些天资平平的常人，更应该如此，怎么可以整日闲游和喝酒虚度年华？这样下去，活着对社会无益，死后也默默无闻，无异于自暴自弃。”

陶侃知道属下官吏和将士有喝酒赌博、荒废正事的，就派人把他们的酒器和赌博的工具扔进了长江，情节特别严重的人，他还下令鞭打责罚。他说：“赌博这种事情，是没出息的放猪人荒废时间才玩的，你们是为国效力的朝廷大臣。”有一次，陶侃去乡间体察民情，看见一个人拿着一把没熟的稻子，便问：“你在干什么？”那人说：“没什么，路上走过看见了，就是无聊玩玩。”陶侃听后很生气，说：“你自己不劳作种粮食，还毁坏别人庄稼玩！”他就让手下把那人按住鞭打一顿。这下荆州的官员百姓都知道了刺史大人的厉害，于是官员勤于办事，百姓努力种地，都不敢懈怠。

荆州地处长江沿岸，是当时的造船基地，陶侃在船厂工地检查的时候，看到加工遗留的大量木屑和竹签，就自己捡起一把，让属下也捡起一些，吩咐放杂货仓库去。大家都大为不解。到了年终岁末，府衙官员集会时节，天降大雪，去府衙的路上又湿又滑，陶侃下令把这些木屑散在地面上。过去新年的朝会老有人摔跤，这次不会了，大家面露喜色。到后来，大将军桓温沿着长江讨伐蜀地，要造大量战舰，战舰的细缝处需要竹签加以密封，陶侃就下令把竹签拿出来。大家这才恍然大悟，纷纷称赞刺史不仅勤勉而且勤思远虑。

2. 托孤谋政（职责与敬业）

原文：8.6 曾子曰：“可以托六尺之孤，可以寄百里之命，临大节而不可夺也。——君子人与？君子人也。”

译文：曾子说：“可以把幼小的（不谙世事的）孤儿和方圆百里的国家托付给他，在安危存亡的重大关头也不动摇屈服，这样的人是君子吗？当然是君子啊。”

原文：8.14 子曰：“不在其位，不谋其政。”

译文：孔子说：“不在这个职位上，便不考虑相关的事务。”

原文：13.20 子贡问曰：“何如斯可谓之士矣？”子曰：“行己有耻，使于四方，不辱君命，可谓士矣。”

译文：子贡问孔子：“什么样的人才算得上一个最优秀的士呢？”孔子说：“做人能保持一颗羞耻之心，出使外国能很好地完成君主的使命，可以称作优秀的士。”

原文：14.26 曾子曰：“君子思不出其位。”

译文：曾子说：“君子所考虑的不超出自己的工作岗位。”

【解析】担负职业责任，严守职业底线

瑞士位于欧洲中部，面积仅仅 4 万平方公里，相当于重庆

的一半。人口837万，基本等于上海的三分之一。为什么这样一个蕞尔小国，却可以与美国、英国和日本并列成为西方的金融中心？究其原因，是瑞士银行严格的职业标准。银行的职业要求无外乎安全和私密。瑞士是永久中立国，远离战火，且有一流的安保措施。瑞士遵循严格的银行保密职业制度，除非存款人确实涉嫌犯罪，否则泄露储户信息者将受到牢狱之灾。安全、私密和增值是银行的职业责任，危险、泄密和贬值是银行的职业禁忌。

不单是银行，任何行业均有自己的职业责任，也有自己的职业禁忌。位高权重者如顾命托孤大臣周公、霍光等，肩负尽心辅佐年幼君主、夙兴夜寐操劳国事的职责；谋权篡位、大事变节则是职业禁忌，如王莽必然永久被钉在历史耻辱柱上。廉洁奉公、遵纪守法是公务人员的职责，贪赃徇私、违法乱纪是公务人员的职业禁忌。保家卫国是军人的职责，临战脱逃甚至叛变投敌，是军人的职业禁忌。教书育人、传道授业是教师的职责，败坏师德、伤害学生是教师的职业禁忌。诚信交易、公平买卖、客户至上是商人的职责，缺斤短两、恶意欺诈，甚至贻害买家，是商人的职业禁忌。敬业，就是要求我们更好地尽到自己的职责，守住自己的职业底线，坚决不触碰职业禁忌。

【故事分享】烛之武不辱使命退秦师

周王朝受到犬戎部族打击后，周天子慌忙把首都迁往洛邑，手中的权力一天不如一天，诸侯也渐渐不听天子号令，纷纷自行扩大地盘。经过多年征战，晋、齐、楚、秦等国脱颖而出。

晋国的晋文公（重耳）在没当上国君的时候一度流亡落难，这时秦国国君秦穆公帮助了他，而且还把女儿嫁给了他，所以后世又将这次联姻称为“秦晋之好”。出于这样的交情，秦晋两国的关系不是一般的好。

但这两个国家都很贪婪，都想继续扩大自己的地盘，而且都看上了地理位置重要但国力弱小的郑国。于是秦晋两国都以郑国在重耳落难时不帮忙，并在晋楚大战中对晋楚两面讨好作为出兵理由，组成联合大军，一路浩浩荡荡向郑国杀来。

在一个万籁俱寂的夜晚，郑国的烛之武带着少数几个随从乘着绳子牵引的吊篮，从城墙上悄然落到地面。利用夜色作掩护，他避开了晋军的视线，悄悄来到秦军大营。秦穆公一开始不大想见烛之武，但碍于情面还是耐着性子见了他。

拉开秦军主帅帷幕，好家伙！秦穆公和手下一大群武士手握刀剑列队“欢迎”烛之武，秦军虎狼之师，果然不假！烛之武向秦穆公谦卑施了一礼说道：“秦国和晋国都军力强大，我们肯定打不过。我们灭亡，对晋国可能有好处，但对您可不一定。”秦穆公见他是一个文弱老头，讲的话想想有几分道理，就挥挥手示意武士退下，傲然冷眼看着烛之武。烛之武见气氛缓和了些，暗暗松了一口气，壮着胆子说：“秦国离我们郑国很远，即使打下来，您派遣的军队和官员都要通过晋国，晋国会随便让您通过吗？您能有效控制吗？灭了郑国，只能让晋国更强大，您只是让晋国得了好处。”秦穆公听后微微点了一下头。烛之武见状继续说：“不打郑国对您好处更大。您一直想往东走，我们完全可以成为您的东部基地，供给您物资，也可以让您的使节商队歇歇脚。这是有百利无一害啊。”秦穆公让仆从给烛之武摆来坐具，让一直站着的烛之武坐下说。烛之武心里暗暗高兴，趁热打铁地说道：“不是我爱翻旧账，您那女婿最忘恩负义了，在他危难落魄的时候，您把女儿嫁给他，出兵帮助他。他答应给您焦和瑕两块肥沃的土地。但渡过难关后，他早就忘得一干二净了，而且筑造城池防备您。这样一个白眼狼，他的野心很大，贪得无厌，在东边把郑国灭了后，肯定惦记西边的土地，如果不侵略秦国，他怎么往西扩张？”秦穆公站了起来，握住烛之武的手说：“如果不是你点拨，我险些吃了大亏。就照你说的，我们结盟！”烛之武掏出怀里预备的盟书说：“我早就预备好了！”两人相视大笑。

秦军倒戈的消息传到晋军大营，大家都很愤怒。晋文公手下将领群情激愤，纷纷请战要把秦军和郑国一起打败。晋文公知道自己实力和秦国差不多，如果真打起来反而会吃亏，就说了一番冠冕堂皇的虚假大道理安抚了将领，顺便给自己也找了个台阶下，就率领大军回去了。烛之武凭借高超的外交本领、强烈的使命感、过人的胆略，化解了一场将使郑国灭亡的劫难，他也因此成为郑国的英雄。

3. 敬事后食（待遇与敬业）

原文：15.38 子曰：“事君，敬其事而后其食。”

译文：孔子说：“侍奉君上，应严肃认真对待工作，把俸禄待遇的事情放在后面。”

原文：15.32 子曰：“君子谋道不谋食。耕也，馁在其中矣；学也，禄在其中矣。君子忧道不忧贫。”

译文：孔子说：“君子致力于专业学术，不致力于谋求衣食。耕种，却常常会感到饥饿；致力于学业反而得到更高物质待遇。君子只关注专业学术进步，而不关注物质待遇。”

原文：1.14 子曰：“君子食无求饱，居无求安，敏于事而慎于言，就有道而正焉，可谓好学也已。”

译文：孔子说：“君子在吃喝方面不追求饱足，在居住方面不追求安逸，工作勤劳敏捷，说话却谨慎，接近有道的人，匡正自己的过失，这样，可以说是真正好学了。”

原文：4.9 子曰：“士志于道，而耻恶衣恶食者，未足与议也。”

译文：孔子说：“读书人立志于追求真理，如果有人以穿得不好吃得不好为耻辱，那就不值得和他谈论什么了。”

【解析】君子谋道不谋食

有这样一个故事：一位初出茅庐的画家，花了一天时间画一幅画，一年也没能卖出去。有智者劝说道：你不如用一年时间构思这幅画试试。画家照此执行，他厚积薄发，在技能上求精湛，在专业上有积累，果然打开了局面。我们在工作和事业上总是先考虑待遇，诚然，我们需要有物质待遇才可以谈生活，但君子爱财，取之有道，我们至少应该把工作上的事情做好、做专业，做到不出差错再谈待遇。袁隆平研发杂交水稻，解决了十几亿国人最实际的吃饭问题，堪称当代“农神”，他的身家再多几个亿，大家亦心服口服。钱学森、邓稼先、于敏、彭桓武、朱光亚等“两弹一星”元勋为中华铸造神剑盾牌，他们有将军头衔、高干待遇，大家亦心服口服。君子谋道不谋食，成为专业而有价值的人，待遇不是问题，也不必提及。

【故事分享】划粥断齑

范仲淹是北宋初年著名的政治家和文学家。但是范仲淹的童年是很不幸的，在他不到三岁时，父亲因病去世，母亲带他改嫁，继父家条件一开始还不错，后来也过得不宽裕了。困难的环境没有吓倒年少的范仲淹，反而让他变得更加发奋图强了。

为了有安静的环境，范仲淹找了一座僻静的寺庙安心读书。考虑家里的条件，也为了节约时间，每天夜晚，他都量好米，添好水，在小灶里点燃自己拾的木柴煮米粥。他一边读书，一边续柴煮粥。一锅米粥煮好了，时间也已过了子夜，他便和衣睡去。第二天清早起来，锅里的米粥凉透了，已经凝固成圆圆的一整块。他拿出小刀，在凝固的粥块上划上一个十字，将完整的一锅粥分成了四块。早晨吃两块，傍晚吃两块，一日两餐吃粥，这便是“划粥”。菜呢？就是自己腌制的咸菜，他也细细切成几段，这就是“断齑”。

时间一天天过去，范仲淹以自己创造的吃饭方法节约出来的大量时间来看书，在不知不觉中，他的学问大有长进。范仲淹虽然吃得差穿得差，但他丝毫不觉得自己比别人差。范仲淹有一个父亲当大官的同学，他看到范仲淹生活如此艰苦仍好学不辍，就回家告诉了父亲。他父亲听说后，被范仲淹刻苦学习的精神所感动，也深深同情范仲淹的贫穷处境，于是吩咐家人在厨房做了一些好吃的东西，改善一下范仲淹的伙食，并叫儿子带到古庙给他吃。

那个同学将一大堆好吃的摆在范仲淹面前，说：“这是我父亲叫我送给你的，赶快趁热吃吧！”范仲淹回答说：“不，我怎么能够接受你的东西呢？你还是带回去吧。”那个同学以为范仲淹不好意思而故意当面这样说，于是悄悄把好吃的东西留在范仲淹烧粥的厨房，就回家去了。

过了几天，那个同学又来到范仲淹的住所给他带来了好吃的，却发现上次给他送的食物丝毫未动，已经变馊了。他就对范仲淹说：“这么好的东西都变馊了，你为什么不吃呢？”范仲淹回答说："并不是我不想吃，只是我已经过惯了艰苦的生活，也节约了时间。如果吃了这些美味佳肴，以后再过这种艰苦的生活就不习惯了。感谢你们的一片好意。"同学见他这样坚决，感叹不已。有了这样刻苦努力的精神，范仲淹在军事、政治、外交方面都做出了突出的成绩，在文学上也留下了《岳阳楼记》等名篇。他在文章中书写的"先天下之忧而忧，后天下之乐而乐"的抱负也被后人千古传颂。

4．升堂入室（精艺与敬业）

原文：11.15 子曰："由之瑟奚为于丘之门？"门人不敬子路。子曰："由也升堂矣，未入于室也。"

译文：孔子说："子路为什么到我门前来弹琴呢？"因此孔子的众多弟子（听孔子这样说）就瞧不起子路。孔子连忙说："子路水平其实也还可以，只是算不上精湛罢了。"

原文：1.15 子贡曰："贫而无谄，富而无骄，何如？"子曰："可也。未若贫而乐，富而好礼者也。"子贡曰："《诗》云：'如切如磋，如琢如磨'，其斯之谓与？"子曰："赐也，始可与言《诗》已矣，告诸往而知来者。"

译文：子贡说："贫穷却不谄媚巴结，富裕也不骄横自大，怎么样？"孔子说："可以说不错了，但不如虽然贫穷但安贫乐道，虽然有钱却谦逊好礼啊。"子贡说："《诗经》上说：'（做学问）要如（工匠）对待骨、角、牙、玉一样不断打磨切割，镂刻加工。'说的就是我们这样（不断精进）的情况吧？"孔子说："你呀，现在可以与我讨论《诗经》了，因为你已经能举一反三了。"

【解析】止于至善

孔子的大弟子子路原本是武士出身，早年演奏音乐亦带有边关剑戟交错的韵味，即“北鄙杀伐之声”，是一股粗放又孔武有力的味道，孔子不喜。后来子路入孔门，经孔子亲炙，德业并进，音乐水平亦有较大提高。孔子用古代建筑格局为比喻，巧妙点评了子路的演奏水准。一般而言，中国古代的建筑最前面是大门，所以未入门墙说明是最低水平，然后是走入庭院，接着是进入厅堂，厅堂之后才是室内。孔子点评子路已经升堂，说明他不是未入门的零基础初学者，总体实力还可以。未入室说明他水平还没有达到最高的精湛水平。哪怕受教于最优秀的老师，学生的接受水平还是各有差异，必然有入门、升堂、入室的水准差异。后来，我们也把在学业上造诣最高、最得老师真传的弟子称为入室弟子。

不仅是学业上，任何领域的学习者的水准都有从零基础到尚可再到精湛的梯度差异。围棋技艺分为九个段位，一曰入神，二曰坐照，三曰具体，四曰通幽，五曰用智，六曰小巧，七曰斗力，八曰若愚，九曰守拙。第八和第九高段位看似普通愚鲁，实则大智若愚，到了炉火纯青的阶段。工匠也分七个层面：奴（需要被监督强制劳动的人）、徒（能力不足需要学习的人）、工和匠（熟悉一门手艺的人）、师（可以传授他人手艺的人）、家（在这个领域精湛的人）、圣（精通技艺、泽被后世、万代敬仰的人）。一个初学者从被动限制的奴、徒阶段到可以自食其力的工、匠阶段，再到收徒立派的师、家阶段，最后到百世流芳的圣，走到哪个阶段全看自己对专业的要求和进步程度。在社会普遍浮躁和诱惑遍地的当下，我们需要这样一份业精于勤、至于善的工匠精神甚至师圣之志。

【故事分享】神厨庖丁，游刃有余

魏国是战国七雄之一，首都大梁（今河南开封）更是聚集了众多奇人异士、能工巧匠。其中有一个叫庖丁的厨师刀功很是了得，尤其是宰牛的功夫更是声名在外。在一次朝会结束后，几个朝廷大臣谈及昨天宴会上庖丁的宰牛技艺时都啧啧称奇，引起了一国之君梁惠王的注意，他不由发问：“你们几个身为朝廷重臣，去过很多地方，见过众多人物，一个市井屠户值得大家叹服吗？”各大臣作揖回复道：“我们浅陋，希望大王赎罪，但这个庖丁确有过人之处。大王如有空暇，可以一睹他的解牛表演，也是大梁一景。”梁惠王本来就喜欢奇物奇人，便答应召见庖丁。

这庖丁杀牛真是神奇，先是掐断牛的主动脉。牛挣扎都不挣扎，就轰然倒地了。庖丁开膛剥皮，工具只有一把看似簇新的折刀。一会儿的工夫，他就把牛皮剥下来，抱到旁边晾晒去了。接下来，精彩部分来了。庖丁的折刀进入牛的身体的时候，他在外面一会儿用手摸牛的脖子，一会儿肩膀靠在牛的前腿，接着用脚踩住牛的中腰，最后用膝盖顶住牛的后腿。大家无法看到他的刀法，只见在他不断变化姿势的过程中，在皮骨分离的声音中，牛的各种组织被清清爽爽切割下来。更神奇的是，这解剖的声音和古典音乐《桑林》《经首》一样悦耳。当最后一块组织被切割后，音乐声才终止。过了许久，周围一阵喝彩，就连矜持的梁惠王也微笑点头赞叹道："哎呀，真好啊，果然名不虚传，你的技术为什么会那么高超？"

庖丁放下刀，下跪施了一礼，回禀道："当初我刚开始宰牛的时候，看见的只是整头牛。三年之后，我知道了牛内部的复杂筋骨，就再也看不见整头牛了。现在宰牛的时候，我只用精神去感觉牛的身体就可以了，已经用不着眼睛去看了，我的感念指挥我的刀顺着牛体的肌理结构，绕开筋骨间大的空隙，骨节间别人看来只是小小的空穴的地方，我却运刀自如。我这把宰牛的刀连那经络相连的地方也没有去硬碰过，更何况那些难砍的大骨头呢？每当我碰上筋骨交错的地方，一见那里难以下刀，就十分警惧而小心翼翼，目光集中，动作放慢。刀子轻轻地动一下，'哗啦'一声骨肉就已经分离，像一堆泥土散落在地上。我提起刀站着，一副悠然自得、心满意足的样子，像打了胜仗的将军一样，擦拭好了刀把它收藏起来。技术高明的厨工每年换一把刀，是因为他们用刀子去割筋络。技术一般的厨工每月换一把刀，是因为他们用刀子去砍骨头。现在我的这把刀已用了十九年了，宰牛数千头，而刀口却像刚从磨刀石上磨出来的一样簇新。不信，您看这把刀，刀刃锃亮。""神妙！"魏国君臣不由得又一次为庖丁的神通技艺和精益求精的追求齐声喝彩起来。

诚信篇

1. 人主忠信（为人与诚信）

原文： 1.8 子曰：“君子不重，则不威，学则不固。主忠信。无友不如己者。过，则勿惮改。”

译文： 孔子说：“君子如果不庄重就没有威严，即使读书做学问，所学的也不会巩固。应秉持忠诚和诚信两种道德。不要和不如自己的人交朋友。有了过错，不要害怕改正。”

原文： 2.22 子曰：“人而无信，不知其可也。大车无輗，小车无軏，其何以行之哉？”

译文： 孔子说：“做一个人，却不讲信誉，这如何使得？（一个人如果没了信用）好比大车子没了和马匹连接的輗，小车子没有和牲口连接的軏，这下还如何前进？”

【解析】以诚立身，诚信入档

《水浒传》里的浪里白条张顺游泳技术高超，如过江蛟龙，称霸水面。小李广花荣射箭水准卓越，百发百中，指哪打哪。神行太保戴宗行进疾如风雷，一日千里。神算子蒋敬运算能力过人，纵有千头万绪，也把握得分毫不差。这些天罡地煞一百零八将基本都有自己的独门绝活傍身，他们的绝技和他们的绰号成为行走江湖的金字招牌、闪亮名片。我们普通人虽然没有梁山好汉那样惊人的绝活，但为人真诚、勤恳劳动、一技在手是我们的立身之本。食材新鲜安全且明码标价是酒店的立身之本，药材地道正规且真材实效是药店的立身之本，秉持业主第一的服务理念且责任到位是物业的立身之本。“器识唯先，文艺是从。”也就是说，人首先以诚挚立身于世，用品德树立招牌，再学习学问和技能。诚信社会的构建不仅要依靠道德自律，更要有制度保障。组织人事部门任命干部，要求德才兼备，以德为先，无违纪违法的记录。交通部门审核驾照，要求驾驶者无酒驾毒驾的违章记录。银行发放贷款要求商家无恶意借款、违约过失记录。学校录取学生、发放资格证书要求考生在相关国家考试中无违规作弊的记录。全社会要建立各类诚信档案，各行业要建立相应的准入机制，让诚信之人得到尊重和褒奖，让恶意破坏诚信者承担相应的责任，让诚信成为每个人立身处世的招牌！

【故事分享】胡雪岩诚信戒欺

说起杭州的老字号国药店，人们马上就会想起清代红顶富商胡雪岩创办的胡庆余堂。今天如果我们走进这家坐落在吴山脚下、河坊街上的百年老店，店内那由进贡给慈禧太后修复园林用的金丝楠木打造的雕栏扶手，仿佛在向我们诉说“江南药王”当年的富丽辉煌。大堂里“真不二价”“是乃仁术”“顾客乃养命之源”等高悬百年的书法匾额，似乎在传达创始人胡雪岩诚信为本的理念。

所有匾额几乎都是朝外悬挂，唯独一块匾是面朝里挂的——它是专门给胡庆余堂店内的经营人员看的。匾额上是两个分外遒劲有力的大字——“戒欺”。据说有一次，胡雪岩的家人身体不适，去一家老字号抓药。胡雪岩发现药的品质不佳，想去交涉退还，想不到这家药店店大欺客，傲慢回复道：“本店只有此等品质药材，如要更佳药材，胡老板可以自行创立药号。”胡雪岩一怒之下开设了胡庆余堂，并把“戒欺”作为一贯的经营管理理念。胡雪岩还在“戒欺”匾额旁亲自写了“戒欺赋”，对这一理念做了注解。他这样写道：“凡百贸易均着不得欺字，药业关系性命，尤为万不可欺。唯愿诸君心余之心，采办务真，修制务精。”医药行业不同于其他商业，它关乎人的性命，必须采购最地道优质的药材，也必须采用最精良的制药工具。在杭州的坊间，我们依然可以听到一些关于胡雪岩务实戒欺的诚信故事。

在杭州的酒楼茶肆中，一个不利于胡庆余堂的谣言在流传。几个受竞争对手指使的好事闲人说胡庆余堂所养的鹿只是个商业噱头：这些梅花鹿只是花架子，养着给人看看的，广受欢迎的“金鹿丸”其实是用价廉驴骨制成的。这种说法传到胡庆余堂的掌柜余修初耳中后，他愤愤不平地找老板胡雪岩商量对策。胡雪岩镇定安慰他道：“稍安勿躁，这分明是有人与我们过不去，我自有办法。”次日早晨，几名穿着胡庆余堂醒目号衣的店员，赶着一大

群梅花鹿，打着震天的锣在大街上巡游。这番举动引得众人驻足和跟随观看，大家眼瞧着店员赶着鹿群沿着街上走了一圈，回涌金门外的胶厂后当众宰杀，并送进制药工场。大家还被店家热情邀请进工场全程观看制药过程。于是大家交口称赞：胡庆余堂药材真是地道！这一下子，先前坊间所谓的用驴骨代鹿制作“金鹿丸”的谣言不攻自破，胡庆余堂所用药材是真材实料的口碑也在杭城的大街小巷树立起来。

胡庆余堂不仅在采办药材上做到真材实料、童叟无欺，且在制作工艺中也为精益求精而不惜血本。“局方紫金丹”是一味镇惊通窍的急救药，十分名贵。其他老药店有这味药出售，但效果并不特别理想。胡庆余堂也出售这种药，也没有达到比较好的疗效，导致顾客常来退货，大大影响了药店的声誉。胡雪岩为了挽回声誉，请来杭城众多名医、老药家前来研究药方。大家遍查古典医书也找不出问题所在，一时束手无策。正当此时，有一位老药工经过，似乎欲言又止。在场的都是名医，也确实轮不到他一个普通药工说话。胡雪岩敏锐地发现了这个举动，客气地邀请药工说说他的想法。这位老药工干这一行已有60余年，他本是其他药店的工人，因为说话耿直、脾气火爆得罪人后转投到胡庆余堂。胡雪岩亲自给他端了一杯明前龙井。在胡雪岩虚心求教的茶香中，老药工娓娓道来：一味好药不仅要药方出色、药材地道，药工也要精湛。他祖父曾告诉他，熬制“紫金丹”要用金铲银锅方能保证药效。胡雪岩当即请来杭城最有名的金银巧匠。经核算，一把金铲需黄金四两多，一口银锅需白银近四斤。这样昂贵的工具，真是闻所未闻。为了一个听来的民间方子，就在制药工具上花费那么大，值吗？众人议论纷纷，连掌柜余修初也表示怀疑。胡雪岩却力排众议，当即拍板说：“为了药效，不惜血本！”金铲银锅打造好了，“紫金丹”的功效果然明显提高。现在，这套名贵制药工具“金铲银锅”被列为国家一级文物、中药工具国宝，存放在胡庆余堂中药博物馆内。此国宝传递的是胡雪岩提倡的诚信戒欺的经营理念，这一理念也随之成为代代胡庆余堂人的立店之本，而胡庆余堂也凭借这一理念成为闻名遐迩的“江南药王”！

2. 讷言敏行（务实与诚信）

原文： 4.24 子曰："君子欲讷于言而敏于行。"

译文： 孔子说："君子说话要谨慎迟缓，而行动要敏捷实在。"

原文： 1.3 子曰："巧言令色，鲜矣仁。"

译文： 孔子说："花言巧语，伪善的容貌，这种人，仁德是不会多的。"

【解析】实绩兴邦，实干兴业

战国时期，赵国遭到宿敌秦国的攻击，于是向齐国借救兵。齐国答应出兵，但条件是必须以赵太后宠爱的幼子长安君为人质。太后舐犊情深，坚决不肯让儿子充当人质。老臣触龙巧妙劝解道："长安君小小年纪，平白无故享有尊位，如果没有实际功劳，将来如何生存？"可见，即使是享有高爵显位的贵族，也要有治国安邦的实绩才可巩固权力，这是贵族对国家的诚信承诺。普通大众更需要以实干业绩来发展生产，这是对工作对象的诚信承诺。无论人生顺逆，我们都应该务实工作。产品需要营销，但最终需要以质量过硬、真材实料和贴心的服务获得消费者认可，这是商家对客户的诚信承诺。作家需要推荐自己的作品，但最终要凭借立意深远、独具匠心的力作来赢得读者，这是作家对读者的诚信承诺。

国家需要虚拟经济，但更仰仗实体经济，尤其是制造业。20 世纪 30 年代的美国经历了股市的大萧条，但这个国家毕竟有匹兹堡的钢铁、底特律的汽车、中部大平原的棉花和玉米，依然是个实业大国。俄罗斯在苏联时期甚至一度没有股市，但谁又可以忽视秋明的油田、顿巴斯的煤矿、西伯利亚的军工和森林业这些几代人实干积累的巨大实力？雄厚的实力让一国在国际舞台上有一言九鼎、言出必行的底气。

在过去的岁月里，我国的工业化经历了三次浪潮。第一次浪潮是“一五”期间的重工业奠基时期。在这个时期，我国既充分利用苏联援建的 156 个工程项目，也发挥了自力更生的精神，建立了我国民用和军事工业的基础。第二次浪潮是 20 世纪 70 年代末，在改革春风吹拂、国门初开的时刻，我国大规模引进发达国家的成套设备，建立了像上海宝钢这样的大型实体现代企业，奠定了我国接近国际先进水平的工业基础。第三次浪潮是自 2001 年“入世”之后的十年。利用出口加工业的带动效应，我国在这一时期的工业化进程大大加速，成为唯一拥有联合国产业分类中所列全部工业门类的制造业大国。实绩兴业，实干兴邦，“撸起袖子加油干，追逐梦想踏实走”这种务实精神是我们无愧于这个时代的诚信承诺。

【故事分享】低调“大树将军”，寡言务实冯异

西汉末年，外戚王莽篡夺了西汉的皇位。他让原本国力鼎盛、生活富裕的西汉王朝变得贫困羸弱，赤眉、绿林军战乱迭起。冯异与西汉的皇室后裔刘秀是好朋友，一向寡言的他对刘秀说：“现在天下大乱，老百姓都渴望太平再次来临。你作为汉代宗室，是大家众望所归的主公。如果你同意起兵，我愿意辅佐你。”刘秀很感动，采纳了他的意见，并派冯异前往很多地方体察百姓疾苦，审察坏人罪行，规定逃亡者若有自首情节可以免罪。在这些有力措施的推动下，很多人来投靠刘秀，很多地盘也归刘秀所有。刘秀实力大增，更加赞赏冯异这个寡言又务实的将领。

正当刘秀逐步安定天下的时候，赤眉军余部在陕西这个曾经的西汉王朝统治中心、人烟阜盛的经济重心之地发生了暴乱，连大司徒邓禹也束手无策。刘秀说：“让冯异代司徒辛苦一下吧。”刘秀亲自送冯异到了河南与陕西的边境，赐给他宝剑，并语重心长嘱咐说：“陕西地位置重要，但百姓饱受战乱，他们渴望一个保一方平安又爱民如子的大臣。这次征伐，不一定要占地掠地，更关键在于平定安抚陕西百姓，收服民心。其他将领善于征战，却不善于安抚百姓，所以你去最合适。”冯异叩首领命，领兵西进，在陕西华阴与赤眉军决战 60 多天，战斗 10 余次，最后大破赤眉军。战役胜利后，冯异到各处收缴散落民间的武器，收编溃退的散兵游勇，出台简易有效的法令，稳定秩序，奖励生产。如此多管齐下，祸害陕西多年的战乱终于被平定了。

冯异多年披荆斩棘，带领军队立下不少战功，但他向来为人谦让不自夸，出行和众将相遇，就令自己的车驾先让路，哪怕是地位资历比自己低的将领也一样。他的军队无论出行转移还是驻扎宿营都立有标志，让大家可以看到，不至于给其他部队造成不必要的混乱和麻烦。其他将领都认为他讲规矩，啧啧称赞。在每次激烈战斗结束后，其他将军总是喜欢围在一起夸耀自己的功劳，滔滔不绝。而冯异去了哪里呢？原来他远离大家，一个人坐到一棵大树下面乘凉，微笑着听大家述说自己的战功，但从不夸耀自己的功劳。时间一长，“大树将军”的绰号也就这样传开了。邯郸是当时的一座大城市。刘秀手下的将领们攻破邯郸后，重新改编部队，让士兵们自己选择喜欢跟随的将领。士兵们都愿意跟随“大树将军”。刘秀在寡言低调但实际能力出色的冯异的帮助下终于建立了东汉王朝。“大树将军”冯异为东汉王朝的开创立下了赫赫战功。

3. 谨而有信（交往与诚信）

原文：1.6 子曰：“弟子，入则孝，出则悌，谨而信，泛爱众，而亲仁。行有余力，则以学文。”

译文：孔子说：“后生年轻人在家要孝顺父母，在外要敬爱师长，言行谨慎，诚信交友，博爱大众，亲近仁义。这些都做到后，才去学习文献。”

原文：1.4 曾子曰：“吾日三省吾身——为人谋而不忠乎？与朋友交而不信乎？传不习乎？”

译文：曾子说：“我每天多次作自我反省：替别人办事是否尽心竭力？与朋友交往是否讲究诚信？老师传授的学问是否复习巩固？”

【解析】诚实守信，交往之本

在秦国朝堂之上，面对反复无常的秦国君主，赵国使臣蔺相如说：“布衣之交尚不可欺，况于大国乎？”中国传统社会是一个狭隘封闭的熟人社会，如归有光在《项脊轩志》里说的那样：“久之，可以足音辨人。”时间久了，可以通过脚步声辨别来人是谁。

人与人的各种交往天然是以默会的诚信作为契约，违背契约者无法立足。同乡之人，尤其是同宗之人的田地房产转让不必订立契约，不然就见外了。现代民商法律的完善，经济交往的扩大，自然不鼓励推广这些口头君子协定，但诚信的契约精神依然应该嘉许。

正如蔺相如所言，布衣之交要讲究诚信，国际交往，尤其是大国外交更要一言九鼎，言而有信。在朝鲜战争的初始阶段，以美国为首的联合国军咄咄逼人，一路挺进，严重威胁新生的中华人民共和国的安全。政务院总理兼外交部部长周恩来通过印度驻华大使转告美方，如果美军继续前进，中国政府一定要管。美军对百废待兴的新生政权的警告视如儿戏，但想不到中国军队果真跨过了鸭绿江，五次战役，把美军打得没了脾气，只能悻悻落座签署停战协议。中国政府的言出必行、志愿军的英勇善战，使中国以大国身份昂首阔步出席了日内瓦会议，赢得了空前的国际威望。

【故事分享】鸡黍之交

东汉山阳人范式（字巨卿，今山东金乡县人）和汝南人张劭（字元伯，今河南上蔡县人）在年少的时候一起在首都洛阳的太学（汉代最高学府）读书。在共同学习时期，两人志趣相投，情同莫逆，结下了深厚的友谊。可惜，世上无不散的筵席，求学结束，两人分别在即。范式对张劭说：“过两年，我会去河南拜访

你和你的家人。”张劭高兴地回应说：“那你就定下来我家的日期吧。”范式仔细想了一想，说：“就定在两年后的九月十五日吧。”一场跨地千里、跨时两年的约定就这样在依依惜别中定下了。

光阴荏苒，两年前约定的时间很快到了。九月的一天，天还没亮，张劭就起床了，对母亲说：“今天我的好朋友范巨卿要来了，我得好好招待。”于是，张劭杀鸡煮黍，准备待客。母亲看到儿子忙碌的身影哑然失笑说：“傻孩子，两年的时间，千里的路程，这样的约定你也要认真对待吗？”张劭没有笑，而是严肃地对母亲说：“我的这个朋友是个非常讲信用的人，他说来，肯定会来。”母亲收起笑容，认真地说：“那我精心准备一桌酒菜，给你们弄一坛好酒。”

一大早，张家人就在大路上翘首以待。路上的求学士子、贩夫走卒过往频繁，可就是不见老友范式的影子。正当张家人以为这场聚会要泡汤的时刻，突然有人喊“来了来了”。果然，道路上出现一辆马车飞驰而来，在张家门口戛然停住。这是一辆写满旅途艰辛的马车，伞盖上布满灰尘，车轴快要折裂，车辐断了几根。车上下来了风尘仆仆的老友范式，他脸上满是路途的疲惫但又满是重逢的欣喜。范式拜见了张劭的母亲。范、张二人喝了张母的好酒，吃着张劭准备的鸡黍佳肴，欢谈笑饮，谈起当年的约定，不由又是几大杯酒落肚。尽欢之后，范式又在张家小住了几天才告别而去。

4. 敬事而信（管理与诚信）

原文： 1.5 子曰："道千乘之国，敬事而信，节用而爱人，使民以时。"

译文： 孔子说："（统治者）治理有着千辆兵车的中等国家，就要严肃对待工作且讲诚信，节约各项开支，且关心爱护下属官吏，役使老百姓也要在农闲时间。"

原文： 1.13（有子曰）信近于义，言可复也。

译文：（有子说）所守的诺言符合道义，诺言才可以兑现。

【解析】赏罚分明，立信于众

车战是春秋战国时期重要的战争形式。兵车如同当代主战坦克一般，制造和维护训练的成本比较高，所以古代兵车的数量如同今日的核武器与航母等大型水面舰艇的数量一样，是衡量一个国家军事实力的重要指标。当时拥有千辆兵车的国家不算小国了，而属于比较强大的国家了。那么，如何治理好这样的国家呢？孔子主张的第一条就是严肃对待工作，讲究诚信。组织诚信的初建，关键在于赏罚分明，并兑现诺言且公平公正。刘邦进入

咸阳，面对混乱无序的局面约法三章：杀人者死，伤人及盗抵罪。这简单有效的法令被认真贯彻，使得社会初步有了秩序。在大汉建立初期，刘邦虽然不喜欢英布和彭越，但念其战功卓著，还是兑现承诺给予高官显爵。王熙凤协理宁国府首先是用惩戒整肃家法，树立威严，对于怠惰误事者果真是拉下去打板子。宁府中人耳闻目睹知道了凤姐厉害，自此都兢兢业业，吃酒打牌之现象一下子销声匿迹。所谓精明者善于做事为人，睿智者善于立规立法。组织的威信建立后，组织管理者需要细化并完善各种制度和规章。例如胡庆余堂就规定，有贡献的员工去世，掌柜要亲自吊唁，并给家属抚恤金。最后，规则要演变为文化，即让诚信渗入组织文化，成为大家内心的共识。

【故事分享】商鞅变法，移木立信

在战国七雄中，秦国地处西部边陲，初时国力要比东部六国落后。邻近的大国魏国本来就比秦国先进，在经历变法后，国力更是大大超过了秦国。魏国发动打击秦国的少梁之战后，秦国被迫割让了富庶的河西之地，一时间秦国面临国破族灭的艰难局面。救亡图存成为秦人尤其是新君秦孝公迫在眉睫的任务。秦孝公向天下发布了征召贤才令："谁有办法可以使得秦国富强，就破格封他为大官，甚至掌管秦国朝政。"

秦孝公的求贤令一出，天下贤才云集响应，其中有一个叫卫鞅的人，他原本是魏国宰相的小吏，但在魏国得不到重用，郁郁不得志，就跑到秦国来寻求出路。他到了秦国后，就托人引荐，得到了秦孝公的接见。君臣连续几天几夜相谈甚欢，甚至忘记了吃饭和睡觉。卫鞅认真对秦孝公说："君上，一个国家要富强，关键就在耕和战两个方面；而要把国家治理好，必须注意赏和罚。赏罚分明可以兑现，朝廷就有了威信，国家的一切管理措施，包括改革也就容易推行了。"秦孝公听了点头赞许，力排守旧老臣众议，任命卫鞅为左庶长，全面负责变法事宜。

卫鞅把新法起草就绪后，怕百姓担心国家没威信。他需要一个轰动的事件来达到为新法树立威严的目的。略加思索，他就派人在国都市场的南门竖起一根三丈长的木头，并在城墙边贴出告示说："百姓中能把木头搬到北门的人，赏黄金十金。"百姓觉得这件事根本不可能，这么轻易的举动怎么可以换得这么高的赏金？大家都议论纷纷，都摇头不敢相信，没人敢动。卫鞅见状，又宣布把赏金提高到五十金。有一个汉子从疑惑的人群中走出来说："我来试试吧！"话音刚落，这个汉子就把柱子轻松顺利地搬走了。在众目睽睽之下，卫鞅马上兑现承诺，当场就赏赐给了他五十金，借此表明政府令出必行，绝对讲究诚信。后来，秦国太子和太子的老师触犯了法律，也都受到了处罚。因此，当秦国颁布新法后，大家都敬畏新法，新法得以顺利推行，国家治理变得水到渠成。

这样过了十年，秦国在令出必行、赏罚分明的法令下变得日益富强。原来一直欺凌秦国的老对手魏国，在被秦国打败后，不

得不把原先侵占的河西土地归还。而且为了躲避秦军犀利的进攻，魏国匆忙之中将国都从西部的安邑迁到东部的大梁（今河南开封）。远在洛阳的周天子也派使者送祭肉给秦孝公，封他为“方伯”（一片地区诸侯的首领），表示了对变法后秦国的实力与地位的认可。

友善篇

1. 益损三友（益友与友善）

原文： 16.4 孔子曰：“**益者三友，损者三友。友直，友谅，友多闻，益矣。友便辟，友善柔，友便佞，损矣。**”

译文： 孔子说：“要结交三种好朋友，远离三种坏朋友。三种好朋友分别是：正直的朋友、宽容的朋友、博学的朋友。他们都是对人有益的。三种坏朋友分别是：阿谀奉承的朋友、伪善的朋友、夸夸其谈的朋友。他们都是对人有害的。”

原文： 10.22 **朋友死，无所归，曰：“于我殡。”**

译文： 朋友去世了，没有人负责料理后事，孔子站出来说：“丧葬由我负责料理。”

【解析】多交益友，勿结损友

大千世间，万事万物皆有阴阳两面，相伴相生，所谓有好必有坏，有正必有邪，有强必有弱。我们在生命历程中遇见的一个个陪伴我们的朋友亦有损友益友之分。那么在孔子看来，哪些是好朋友？孔子认为第一类好友是“友直”，就是非常正直的朋友。这类朋友严谨、正直、理性，且可以如镜子一样映照我们自身的缺陷。他们或许不那么可亲，甚至会当面批评我们的不足，但他们真诚的矫正可以让我们绕过人生航道中不少暗礁险滩。此是诤友也。第二是“友谅”。俗话说“人生不如意十之八九”，“人生不满百，常怀千岁忧”，我们苦短的生命总是有诸多的烦恼甚至磨难相伴，有一类朋友如同大海一样可以包容我们的缺陷，真诚倾听我们的烦恼，热心帮我们解决诸多实际问题。此类朋友有容乃大的气度让我们顿洗三千烦恼。此是良友也。第三是“友多闻”。在信息闭塞的先秦农耕社会，一个真正博学多才的朋友如同一扇大门，为我们打开一个广阔新天地。即使是信息爆炸的当今社会，一个智慧多闻的朋友依然可以延展我们的知识世界。此是智友也。

那么，我们需要远离哪些坏朋友，即所谓的损友呢？第一种朋友看似行侠仗义、义薄云天，实际上无事给你生非，小事帮你变大。当你面对一些事情需要冷处理、缓处理的时候，他来游说你，不断挑动你的斗志，让原本可以平静的湖面顿生波澜。他喜欢冲突和热闹，喜欢看你被激怒的状态。此乃“搅屎棍”也。第二种朋友是伪善的朋友，你真心倾诉的时候，他貌似关心，嘘寒问暖，转身却把你的隐私痛苦当作酒后的无聊谈资，甚至会通过告密渔利。此乃笑面虎也。第三种朋友就是夸夸其谈的朋友，他似乎天文地理、三皇五帝无所不知，实际经不起仔细推敲，此乃假学问也。我们需要正直的劝解，杜绝搅局；需要真诚的宽慰，杜绝虚伪；需要实在的学问，杜绝浮夸。所以我们要多与三种益友为伍，少与三种损友相伴。孔子说“勿友不如己者”，我们的生命本身有限，需要我们去结交益友来增加生命能量，远离损友以减少生命内耗。

【故事分享】荀巨伯探友

东汉有个叫荀巨伯的人，对朋友非常真诚，对有困难的朋友更是格外关心，在朋友之中有口皆碑。有一次，他听说一个外地的朋友生病了，便不辞辛劳，走了很远的路去探望。就在这个时候，整个城市突然变得乱哄哄的，原来是匈奴人要来攻城了。人们纷纷卷起值钱的东西奔走逃命。朋友的亲人也随着人群四散跑光了。在病床上奄奄一息的友人喘着气劝荀巨伯说：“你远道而来探望我，我很感激。但我就要死了，你别管我了，赶紧离开逃命吧！”

荀巨伯认真说道：“我这么远跑来看你，你却叫我离开。咱们可是朋友啊！不顾道义苟且偷生是我荀巨伯干得出来的吗？”正当他们争执的时候，大门被撞开了，匈奴士兵穿着皮袍，手里拿长刀盾牌闯了进来。朋友紧紧握住荀巨伯的手，很是害怕。但荀巨伯表情镇定自若，没有流露出丝毫慌张。匈奴人的一个头目看见荀巨伯后惊讶地问他：“我们大军一到。全城的人都逃命了，现在整个城市都空了。你究竟是谁，难道吃了熊心豹子胆了，居然一个人留下来？”荀巨伯不紧不慢地说：“我的朋友得了重病，我实在不忍心把他丢弃逃命，如果你们要杀就杀我好了。”

匈奴士兵听后，十分震惊，被荀巨伯的道义和勇气所折服，便说：“我们这些不讲道义的人却攻打了有道义的人所在的地方，好生惭愧！”他们关上了门，留下了财物，安静退出了。随后，整支匈奴大军缓缓撤出城外回去了。荀巨伯对待朋友的真挚竟然让一座城市幸免于难！

2. 以文会友（形式与友善）

原文： 12.24 曾子曰：“君子以文会友，以友辅仁。”

译文： 曾子说：“君子用文章学问来交朋友，用朋友来帮助自己培养仁德。”

【解析】以文会友，文明交友

俗话说“物以类聚，人以群分”，朋友的聚集方式有多种，有饕餮美食的食友，有品茗论道的茶友，有野外踏青、高山远眺的“驴友”，有切磋球技、挥汗如雨的球友。如此多端的交友方式，儒家比较欣赏哪一种？儒家的回答是：用文章学问来文明交往的朋友，即所谓“斯文骨肉之交”。这种交往方式类似于法国的文化沙龙，在如此高雅的聚会上，文人学者争相朗诵自己的作品来争取粉丝，结织朋友。文坛和学术界有不少这样的友谊佳话。例如德国“双子星”歌德与席勒的友谊，经济学家大卫·李嘉图与人口经济学家马尔萨斯的友谊。当然还有“大李杜”——“诗仙”和“诗圣”的友谊。这两颗代表中国浪漫主义巅峰（李白）和现实主义巅峰（杜甫）的明星居然在同一时空相遇，是文坛一大奇观。杜甫这样回忆他与“诗仙”的交往:“余亦东蒙客，怜君如弟兄。醉眠秋共被，携手日同行。”对于这位旷世奇才，杜甫这样感叹:“昔年有狂客，号尔谪仙人。笔落惊风雨，诗成泣鬼神。”

当然，以文会友只是文明交友的一种方式，如是益友，以乐会友，以琴会友，以画会友，又何妨？当然，交友的最终目的还是自身道德修为的提高。“以友辅仁”，北京师范大学的前身辅仁大学校名就典出于此。

【分享故事】推敲之交

唐代有位诗人，名字叫作贾岛，他写诗特别刻苦，非常讲究字词的细致运用。一个字他往往要想很久，有些字甚至要想三年，在诗写完的时候，他自己都会感动流泪。在还是一个穷书生的时候，贾岛骑着寒酸的毛驴去首都长安参加科举考试。他一边走一边在驴背上考虑自己最近写的两句诗:“鸟宿池边树，僧敲月下门。”他对用“敲”还是用“推”一直无法决定，就在驴背上思考着这个问题。不知不觉他的驴已经走在繁华热闹的长安大街上了。这时，当时闻名天下的大诗人，同时也是首都长官的韩愈刚好也来到了大街上。他浩浩荡荡的仪仗队一时排满了大街。贾岛完全沉浸在自己的诗歌世界里，对于仪仗队的喧哗声丝毫没有在意，结果他的毛驴一不小心撞了上去，使韩愈的出行队伍大乱。韩愈也有些不高兴。他的手下连忙将贾岛扭住拉到韩愈面前，贾岛这才回过神来。韩愈也是个作诗刻苦的诗人，他听说贾岛是因为想诗而走神，转怒为喜道：“我看还是用‘推’吧。”说罢，他拉着贾岛下了毛驴，和自己一起坐在高头大马上，一边走一边继续谈论诗歌。韩愈的部下和路人看到大诗人韩愈和当时没名气的书生贾岛一起骑马谈论诗歌，不由都看呆了。贾岛被韩愈的文字友谊感动，继续认真写诗，终于成了一位有名的诗人。

3. 久而更敬（互敬与友善）

原文：5.17 子曰："晏平仲善与人交，久而敬之。"

译文：孔子说："晏子擅长和别人交朋友，相交越久，别人越发尊敬他。"

原文：4.26 子游曰："事君数，斯辱矣；朋友数，斯疏矣。"

译文：子游说："对待君主过于烦琐，就会招致侮辱；对待朋友过于烦琐，就会招致疏远。"

原文：15.40 子曰："道不同，不相为谋。"

译文：孔子说："意见主张不同，就不要互相交流商议了。"

【解析】友谊长久，宜淡宜敬

"怎能忘记旧日朋友，心中能不欢笑，旧日朋友岂能相忘，友谊地久天长。"如何让友谊地久天长，历久弥新？孔子讲"中庸至德"，"中"就是合适，保持适度距离，不走极端，"庸"就是平淡长久。友谊也是如此。友谊需要把握好度，宜淡宜敬。双方关系不错，过度交往也会失去新鲜感，令人厌烦，且会让精力损耗难以为继。罗素说，再伟大的小说也有令人生厌的章节，再伟大的人物也有令人生厌的细节。名著和伟人尚且如此，更何况芸芸众生如吾辈。纳兰性德说，“人生何如初相见，何事秋风悲画扇”，若想友谊和爱情久处不悲，就要在交往中保持一颗平常心。所以我们在与朋友交往中应该保持适度原则和平淡之心。与新朋友畅谈理想和人生是对的，但天天大谈特谈世界局势、人生规划恐怕也不是长久相处之道。老友相聚，更适宜的是吃自己手工腌制的酱瓜、街角菜场买的小菜，佐以自己浸泡的烧酒杨梅。一段新的爱情开启，一见钟情、海誓山盟必不可少，但天天风花雪月、香槟晚宴、灯光舞蹈也会使人虚无厌倦，才子佳人还是化为柴米夫妻更为长久。

然而，朋友伴侣久处的基本节奏虽然平淡，但平淡不能等同于随意。再亲密的相处也需要在心中保持平等的敬意。而且必要的仪式感也会让我们在看似千篇一律的日子里发现闪闪发光的对方，让我们眼前一亮。仪式感的前提是我们对于对方和生活本身的敬意。早上晨起，总不能老是慵懒倦怠穿着睡衣拖着拖鞋展示在对方面前。虽然不刻意精致浓妆装扮，至少也须整洁得体打扮一下，这是让对方耳目一新，对自己对她（他）也是一份敬意。在重要纪念日，会做饭的就精心准备一顿烛光晚餐，不善于烹饪的则去酒店用餐，给对方一个惊喜，给对方一份敬意。

【故事分享】晏子以敬待人

齐国人晏子在齐灵公、齐庄公、齐景公三个时代都备受国君信任，担任宰相要职。位高权重的晏子吃饭时只上一个肉菜，绝不允许妻子穿华丽的丝绸衣服。他平时低调谦和，对待周边普通人也真诚敬重。

有一次，晏子在外乘车回家途中遇见了身戴枷锁的越石父。越石父正在看守差役的呵斥下干苦役。晏子听闻越石父这个人有些才华，看到此情此景就心生怜悯停下车。当得知越石父是因为债务问题而身处困境后，他马上有了主意。他向差役作揖施礼道："我是齐国晏子，我想用我的一匹好马替他还债，还这个犯人自由，希望阁下成全。"差役一想："他是名满天下的齐国宰相，如此客气礼待我一小小牢头，而且用齐君赏赐的好马替这个犯人还债，于情于理都很够意思了。"差役立马应允下来，且忙不迭解下了越石夫的枷锁，把他送上晏子的车。

晏子高兴地与这位刚从苦役中解救出来的新朋友回到了阔别已久的家。晏子思家心切，一到家没有和越石夫打招呼就去后院和妻子儿女说话，过了很久才出来，准备款待越石父。谁知这位新朋友脾气很大，一见面就对晏子说："我要和你绝交！"晏子大吃一惊，连忙整理衣冠道歉："我虽然算不上仁者君子，好歹也算把您从困境中解救出来，您为什么这么快要和我绝交呢？"晏子身边的人看越石夫这样不识抬举都有些生气，晏子却和颜悦色，恭谨地让越石夫把话说完。越石父于是继续说："那差役不懂我的才德，把我囚禁，让我服苦役，我无话可说。但您既然懂我，就该以礼待我，不然还不如让我坐牢干苦役呢！"晏子想想很有道理，就再次道歉，并把越石夫当作贵宾款待。

在晏子真诚人格魅力的感召下，齐国国力一天比一天强盛。晏子平等待下的品德、低调谦虚的事迹受到后人的敬仰，他的言行故事也被后世代代传颂。

4. 里仁为美（睦邻与友善）

原文：4.1 子曰："里仁为美，择不处仁，焉得知？"

译文：孔子说："选择民风仁德善良的地方居住，如果不选择仁德之处居住，怎么可以称得上明智呢？"

原文：4.25 子曰："德不孤，必有邻。"

译文：孔子说："有道德的人一定不会孤单，一定会有志同道合的人来和他来做伙伴。"

【解析】情商极处即为善

人生活在社会之中，是群居动物。中国社会更是群体社会加人情社会，一个人总是在不同群体中生活，求学时有同门师兄弟，走亲时有同宗同族人，生活上有邻里街坊，事业上还有同事同僚。所以，中国人特别看重在群体中为人处世的能力，即所谓的情商。谈及情商，《红楼梦》中的王熙凤可谓顶尖高手，她初见林黛玉时的言语可谓一绝："天下真有这样标致的人物，我今儿才算见了！况且这通身的气派，竟不像老祖宗的外孙女儿，竟是个嫡亲的孙女，怨不得老祖宗天天口头心头一时不忘。只可怜我这妹妹这样命苦，怎么姑妈偏就去世了！”她说的有下面几层意思：一，夸奖林黛玉天生丽质，让初来乍到、寄人篱下的黛玉心灵得到抚慰；二，姑娘都爱容貌上斗俏，当时三春姐妹在场，“嫡亲”的孙女一语让三春姐妹很是受用；三，叹命苦姑妈，抚慰了林黛玉的丧母之痛和贾母的丧女之痛，也点明自己的辈分。最后，所有的一切都有一个前缀核心，那就是老祖宗，美丽的基因来自老祖宗的遗传。王熙凤滴水不漏的话给我们上了一堂教科书级别的情商课。但她的最大缺陷是自私自利，相处久了，明是一把火、暗是一把刀的情商逻辑也为大家熟稔，她为虚荣协理宁国府，为权力和银两拆散有情人，醋意之下逼死尤三姐和鲍二家的，最后“机关算尽太聪明，反误卿卿性命”。唯一令人感到宽慰的是，王熙凤当年帮助过穷亲戚刘姥姥，当贾府失势的危难之际，刘姥姥救助了王熙凤的女儿巧姐。日久见人心，一味把别人当傻子、暗自渔利的人，最终也会被人孤立。所谓“德不孤，必有邻”，发自内心的真正的善行必得善果，至少可以免除祸端。

【故事分享】杨翥和善睦邻

和煦的晚霞洒满京城的街巷，劳作了一天的人们开始拿出自家擅长的煎炸烹炒的本事来准备美食，犒劳自己和家人。地位显赫的大明礼部尚书杨翥也骑着他心爱的毛驴散朝回家了。“你们今天做什么好吃的呀？”杨翥和做晚饭的邻居们一家家打招呼。“杨大人，我们煎面筋，香！”“杨大人，我们蒸炊饼，您趁热来几个不？”他一路和邻居打着招呼，骑着毛驴来到了自家简朴的大院门口。如果不是杨翥进出，很难想象这是当朝高官的宅院。“老张，今天做什么美味？好香！”杨翥下了驴也不忘和紧紧挨着杨家院落的近邻老张打招呼。“炖蹄子，今天是我儿生日。杨大人过来喝几杯？”老张满脸笑容招呼道。“好嘞，等我喂完了驴就来！我这里正好有瓶陈年汾酒，晚上好好喝几盏！”杨翥爽快答应道。住在这条街巷的邻居们打心眼里敬爱这位友善谦恭的大官，更把他当作可亲的街坊。这位邻居老张在京城劳作多年，40 岁方成家，60 多岁才有一个年幼独子，自然很是疼爱，今天恰好是独子 3 岁生日，他准备好好庆贺一番。

杨翥进了院子，吩咐家人给毛驴喂上干净的草料。这驴可真叫一个好。它四蹄雪白，皮毛油亮如锦缎，耐力好且温顺听话，杨翥很是喜欢。在家人喂草料的时候，他不由得给这位无言的伙伴添了一把燕麦。“哞啊哞啊——”驴也高兴地欢叫起来。

月上柳梢时分，杨翥提着汾酒如约登门致贺，还给小娃娃带了些可口的酥糖点心和玩意。在宾主推杯换盏的时候，驴又叫唤起来，小娃娃“哇”的一声大哭起来，无论如何哄都不肯止住哭声。最后娃娃哭累了，在老张哼着的催眠曲中勉强睡着，还伴着隐隐抽泣声。杨翥为自己的搅扰满是歉意，不过还是在驴子夜间的叫唤声中带着白天的倦意睡去了。

过了几天，杨翥又如往常一样回家，发现老张满是倦意，于是就关切嘱咐他勿操劳。老张说：“有劳大人关怀，只是晚上孩子吵闹，很迟才可以睡觉。”老张一边说一边看着杨翥的黑驴，愁容满面。杨翥很是疑惑，心细如发又宽厚的他晚上就在书房翻看家藏的医书，想看看古人有无治疗小儿夜啼的方子。在烛光中，杨翥翻阅了医书，记了几个方子，工整誊抄在案。时间到了深夜，杨翥舒展了筋骨，准备泡脚洗漱入睡，这时候毛驴又开始叫唤，这一叫唤使得隔壁张家小娃又开始啼哭不已，老张苍老又焦虑的哄睡声清晰入耳。哦，原来是这样，原因是这驴啊。杨翥哑然失笑，不由过去拉了拉驴的耳朵。

第二天散朝后，杨翥看到老张依然满脸愁容，他牵着黑驴心里很矛盾，这驴陪自己多年，他很是喜欢，但老张老年得子不易，这小儿夜间啼哭让人揪心。饱读诗书的杨翥不由想起《论语》中的一个典故：孔子退朝后，家人告诉他，家里的马厩着火了。孔子关切地问人伤了没有，至于宝贵的马，孔子并没问起。杨翥晚上给毛驴好好吃了顿燕麦料，然后让家人把毛驴卖给了一户好人家。果然，小孩夜里不再惊醒啼哭了，老张脸上也有了笑颜。

又是晚霞满天的傍晚，家家户户又在忙碌柴米油盐。没了驴的杨翥步行散朝，他回家依旧和各位邻居打着招呼。邻居听说了他卖驴的事，对这位良善睦邻的杨大人更加敬爱了。